AF532877

Emil Angehrn

Die Zeit des Anderen

Geteilte Erinnerung, gestohlene Zukunft, geschenkte Zeit

Meiner

Bibliographische Information der Deutschen Nationalbibliothek

Die Deutsche Nationalbibliothek verzeichnet diese Publikation in der Deutschen Nationalbibliographie; detaillierte bibliographische Daten sind im Internet über ‹http://portal.dnb.de› abrufbar.

ISBN 978-3-7873-4362-1
ISBN eBook 978-3-7873-4363-8

 Satz: mittelstadt 21, Vogtsburg-Burkheim. Druck und Bindung: Stückle, Ettenheim. Gedruckt auf alterungsbeständigem Werkdruckpapier, hergestellt aus 100 % chlorfrei gebleichtem Zellstoff. Printed in Germany.

INHALT

1. **Einleitung: Wem gehört die Zeit?** ... 7
a) Eigene und fremde Zeiten ... 7
b) Gestohlene Zukunft ... 7
c) Geschenkte Zeit ... 10
d) Leitfrage und Abriss der Untersuchung ... 11

I. Die Zeit des Selbst

2. **Die Zeitlichkeit der Existenz** ... 17
2.1 In-der-Zeit-Sein ... 17
2.2 Subjektbezug der Zeit ... 22
2.3 Zeiterfahrung und Umgang mit der Zeit ... 29

3. **Zwiespalt der Zeiterfahrung** ... 34
3.1 In der Zeit glücklich sein ... 34
3.2 Unter der Herrschaft der Zeit ... 38

4. **Dimensionen der Zeit zwischen Gewesenheit und Zukunft** 42

5. **Gegenwart als Identität und Fülle** ... 45

6. **Vergangenheit zwischen Gedächtnis und Vergängnis** ... 49
6.1 Das Interesse der Erinnerung ... 49
6.2 Vergangenheit als Last und Verlust ... 53

7. **Zukunft zwischen Furcht und Hoffnung** ... 56
7.1 Die kommende Zeit ... 56
7.2 Drohende, fremde, entzogene Zukunft ... 65
7.3 Übergang ... 70

II. Die Zeit im Zeichen des Anderen

8. Selbstsein und Andersheit 73

9. Zeit und Andersheit 79
9.1 Zwischen Eigenzeit und Zeit des Anderen 79
9.2 Personale und absolute Andersheit 86
9.3 Exkurs: Die zwiefache Andersheit der Reinkarnation 90
9.4 Das zeitliche Selbst vom Anderen her 92

10. Gegenwart und Sein mit dem Anderen 94
10.1 Geschenkte Zeit 95
10.2 Entfremdete Zeit 97

11. Vergangenheit und Andersheit 101
11.1 Solidarische Erinnerung 101
11.2 Fremdheit des Vergangenen 106

12. Zukunft im Horizont des Anderen 109
12.1 Gestohlene, zerstörte, drohende Zukunft 109
12.2 Die kommende Zeit und das Entgegenkommen des Anderen 115
12.3 Schluss 121

Anmerkungen 125
Bibliographie 135
Namenregister 141

1. Einleitung: Wem gehört die Zeit?

a) Eigene und fremde Zeiten

Die Zeit ist nicht nur die meine. Sie ist auch deine Zeit, sie ist seine Zeit und ihre Zeit, sie ist auch die Zeit des Anderen. Was heißt das?

Es heißt zum einen, dass die Zeit – auch *meine* Zeit – nicht nur mir gehört. Sie gehört mir nicht ausschließlich, sie hat mir nicht immer gehört und sie gehört mir nicht auf Dauer. Sie kann mir genommen werden, sie kann durch Andere, die mich bedrängen, besetzt werden. Ich selbst kann meine Zeit verlieren, sie verschwenden, ich kann nach der verlorenen Zeit suchen. Andere können mir aber auch Zeit lassen, mir ihre Zeit schenken. In der Gegenwart, in der wir leben, in der Vergangenheit, an die wir uns erinnern, in der Zukunft, die wir erwarten, durchdringen sich eigene und fremde Zeiten, überlagern sich die Zeit des Selbst und die Zeit des Anderen.

Dass die Zeit nicht nur die meine ist, heißt zum anderen, dass sie nicht nur durch mich geprägt und gestaltet wird. Sie gewinnt ihre Qualität und ihren Inhalt nicht nur aus meinem Tun und Erleben. Ob sie lang oder kurz, hektisch oder lähmend ist, ob ich sie als erfüllt oder leer erfahre, hängt ebenso von meiner Umgebung, vom Handeln anderer, von der Interpretation durch andere ab. Wenn ich sie nur aus meiner Perspektive, im Bezug auf mich erfasse, begreife ich nur unzulänglich, was die Zeit ist, woher sie kommt, wohin sie fließt, wie sie vergeht.

b) Gestohlene Zukunft

Es sind überaus prägnante, aktuelle Erfahrungen, die mir sagen, dass die Zeit nicht nur die meine ist. In drastischer, teils irritierender Weise erlebe ich, dass es im Umgang mit der Zeit nicht nur um meine Zeit geht. »Ihr habt uns unsere Zukunft gestohlen« lautet der Protest der Klimajugend. Die heftige Anklage zeugt von einer schroffen Andersheit im Erleben der Zeit, von einer asymmetrischen Betroffenheit im Verhältnis der Generationen. Die Zukunft, die vor uns allen liegt, steht nicht allen in gleicher Weise bevor. Sie stellt nicht für alle in gleicher Weise einen Raum der Wünsche und Pläne, eine Hoffnung, ein Versprechen – oder aber eine Herausforderung, eine Bedrohung dar. Der Klimawandel und drohende ökologische Katastrophen haben für die kommende Generation eine andere vitale Bedeutung als für die ältere. Die Differenz scheint anderen Ungleichheiten im Zukunftsbezug der Generationen verwandt, wenn etwa in politischen und sozialen Konflikten die jüngere Generation zur Anwältin des Wandels wird, nicht nur aufgrund einer vielleicht schwächeren Traditionsbindung oder einer direkteren emotionalen und moralischen Ansprechbarkeit für Fragen der sozialen Gerechtigkeit, sondern in markanter Weise eben dort, wo der Zeitfaktor einschlägig ist: wenn heutige Weichenstellungen oder Unterlassungen mit spürbaren Folgen für die Zukunft und für die später Lebenden verbunden sind. Dies kann bei dauerhaften Schädigungen der Umwelt der Fall sein, aber auch bei unerwünschten Auswirkungen auf das soziale Zusammenleben, bei unkontrollierbaren technischen Neuerungen, bei gesundheitlichen Risiken, bei steigender Verschuldung der Gemeinschaft. In all diesen Fällen wird die Zukunft als Hypothek, als Last erfahren, an der die Jüngeren naturgemäß schwerer zu tragen haben als die Älteren. In besonderer Zuspitzung wird dies dort erlebt, wo es nicht um im Prinzip revidierbare Entwicklungen – soziale Ungleichheiten, technische Dysfunktionen, ökonomische Katastrophen – geht, sondern um Tendenzen, welche die Zukunft als solche betreffen und die menschliche Fähigkeit, das Leben zu gestalten, unterminieren.

In solchen Situationen, in denen nicht irgendeine bessere Welt, sondern die Zukunft selbst in Frage steht, kann sich die Ernsthaftigkeit des Protests, der unnachgiebige Widerstand gegen das Weitermachen, mit besonderer Dringlichkeit zu Wort melden. Die Untergrabung der lebendigen Zukunftsausrichtung erweist sich als eine Selbstverkehrung der Zeit, die in ihren Auswirkungen geradezu als »Verbrechen an der Jugend« wahrgenommen wird.[1] Exemplarisch manifestiert sie die ethische Brisanz eines Umgangs mit der Zukunft, der die Generationen in ganz unterschiedlicher

Weise betrifft. Er verlangt eine Umdisposition des ethischen Arguments, dessen idealer Horizont sonst auf die Universalität der Betroffenen, die gleiche Gültigkeit für alle und Reziprozität zwischen allen ausgreift, das nun aber mit einer grundlegenden Asymmetrie konfrontiert wird. Eine solche ist in zahlreichen Konstellationen des sozialen Lebens enthalten, doch wird sie hier in prinzipiellerer Weise virulent. Nicht ein bestimmtes Gesellschaftsideal oder Geschichtsziel, sondern die Sorge um die Zukunft selbst, der Kampf um die Ermöglichung von Zukunft wird zum moralischen Imperativ, den die Bewegung *Fridays for Future* bündig auf den Begriff bringt. Die Parole artikuliert eine Betroffenheit, die noch über die apokalyptischen Visionen der atomaren Bedrohung oder des nuklearen Wettrüstens hinausgeht, sofern sie nicht nur die universale Destruktion oder den menschheitlichen Suizid, sondern das Skandalon eines unvergleichlichen Unrechts – des Unrechts an den später Geborenen, auch den noch Ungeborenen – ins Licht rückt. Der laute Widerstand ist wie ein Weckruf, für viele ein Aha-Erlebnis (wie es für andere Tschernobyl, die Studentenrevolte, die Pandemie war), die die Welt nachher mit anderen Augen sehen.[2] Er lässt erkennen, was mit der Zeit des Anderen auf dem Spiel steht.

Dass diese im Verhältnis der Generationen ein unverkennbares Profil gewinnt, wird nicht nur in der Empörung der Jugend gegen die entwendete oder zerstörte Zukunft manifest. Der Konnex zwischen dem Zukunftsverlust und dem Generationenverhältnis wird auch in anderen Situationen, teils mit umgekehrten Vorzeichen, greifbar. Ein eindrucksvolles Beispiel gibt Jean Améry, wenn er den gealterten Sartre beschreibt, dessen Vortrag die jugendlichen Zuhörer soeben noch aufmerksam gefolgt sind und dem sie doch »seine letzten Lebensjahre rauben – durch die bloße Tatsache ihres Jungseins und ihres Hinausschreitens in eine Welt, die ihnen und *nur* ihnen gehört«.[3] Kein Unrecht, kein Konflikt, keine technische Hybris, nur der natürliche Lauf der Zeit schafft hier die abgründige Kluft der Generationen, die gleichermaßen eine der Zeiten ist. Nicht ich stehle den Anderen die Zeit, die Anderen eignen sich die Zukunft als die ihre, die immer schon ihnen gehörige als eigenstes Privileg an. In noch radikalerer Form gehen wir der Zukunft in posthumanistischen Visionen, in der Ablösung des Lebenskreises der Menschen durch die Zeit der Computer, verlustig.[4]

In all diesen Fällen, und besonders auffällig im Protest der Jugend, ist das Verhältnis der sich ablösenden Geschlechter eine exemplarische Instanz der Zeit des Anderen. Indessen erschöpft sich das Phänomen der temporalen Andersheit nicht in den Erfahrungen des Verlusts und der konkurrierenden Aneignung der Zeit.

c) Geschenkte Zeit

Erfahren wird die Zeit des Anderen ebenso als Gabe. Dass andere mir ihre Zeit schenken, dass sie mir Zeit lassen, mir meine Zeit gönnen, ist ein ursprüngliches Erlebnis des Entgegenkommens des Anderen. Zwar meint Jacques Derrida, dass man die Zeit, da sie niemandem wirklich zu eigen ist, weder wegnehmen noch geben kann.[5] Dennoch analysiert er das Phänomen des Zeit-Gebens als Fundamentalbestimmung des Schenkens und Gebens überhaupt. Das Schenken von Zeit ist sowohl eine Elementarbestimmung des Sozialen, die in der Dankesfloskel nach Interviews (›Danke für Ihre Zeit‹) ihr Echo hat, wie auch ein tiefes, solidarisches Verhalten, das in besonderen Situationen zum Ausdruck kommt, in welchen das Geben von Zeit das Wichtigste ist, das wir für einen Anderen tun können. Jede Gabe, so Derrida, ist nur Gabe »in dem Maße, wie sie Zeit gibt«; darin unterscheidet sie sich grundsätzlich von allen Formen des Tauschs und ökonomischen Transfers.[6] Die eigentümliche Basisstruktur »Geben, was man nicht hat« erscheint ihm nur so lange als Paradox, als die Zeit im Raster des Habens, nicht des Seins gefasst wird.[7] Zum Ereignis des Schenkens und Beschenktwerdens gehört das Moment der Überraschung und der Unvorhersehbarkeit, jenseits der linearen Logik prozessualer Verkettung und Zeitverfügung. Aus der Perspektive des Gebenden ist es ein Prozess des Verzichts, des Freilassens und Übergebens, wie er seinerseits exemplarisch im Verhältnis der Generationen, im Bezug zu den Kindern und Nachkommen, stattfinden kann. Er steht nicht im Zeichen des Nehmens und Aneignens, sondern der Großzügigkeit und des Sichöffnens. Es ist eine Öffnung auf eine Zeit der Anderen hin, in eine »Zukunft ohne mich« hinein.[8]

Auch hier berühren wir eine originäre Verschränkung der Temporalität mit dem Problem des Anderen. Es wird in der nachfolgenden Betrachtung genauer zu erkunden sein, inwiefern wir darin auf eine Tiefenschicht sowohl des Verhältnisses zum Anderen wie des zeitlichen Erlebens selbst stoßen. Nicht nur im Negativen, auch im Positiven erweisen sich beide Problemstellungen als in engster Weise miteinander verbunden. Wenn wir in der Analyse von der Zeitlichkeit des menschlichen Daseins ausgehen, wird es darum gehen, darzulegen, in welcher Weise diese nicht im solipsistischen Selbstbezug, im Binnenraum der eigenen Vergangenheit, Gegenwart und Zukunft aufgeht. Vielmehr ist aufzuweisen, inwiefern unser Dasein wesentlich mit der Zeit des Anderen kommuniziert, *als* existentielle Zeitlichkeit auf den Anderen Bezug nimmt, sich auch von ihm her gestaltet und versteht. Die solidarische ebenso wie die antagonistische Bezugnahme, vonseiten des Selbst wie des Anderen, geht in die Eigenzeit eines Jeden wie in ihre gemeinsame Zeitlichkeit ein. Die Explikation dieses Ineinander gehört zu den Leitfragen der vorliegenden Untersuchung. Es interessiert, in welcher Weise sich die Zeit des Menschen vom Anderen her und aus seinem Verhältnis zum Anderen heraus offenbart.

Zugleich ist die Frage nach der Gegenrichtung zu entfalten. Es gilt das zwischenmenschliche Verhältnis als solches in seiner intrinsischen Zeitlichkeit freizulegen. Das Verhältnis zum Anderen ist nicht nur als erkenntnismäßige und ethisch-praktische Beziehung, sondern in seiner Seinsform, die eine wesenhaft temporale ist, zu entfalten. Die Zeit erweist sich als eine Wesensdimension der Andersheit wie die Andersheit als ein Nukleus des Zeitlichen. Die Zeit ist das Medium, in dem ich vom Anderen her bin. Die Figur einer Zeit des Anderen wird zur Chiffre, die von beiden Seiten zu lesen, für beide Seiten erhellend ist.

d) Leitfrage und Abriss der Untersuchung

Zuletzt zeigt sich die Dialektik zwischen der Zeit des Selbst und der Zeit des Anderen als Kern sowohl der Sozialität wie der Temporalität des menschlichen Seins. Es ist ein Kern, der erst freigelegt werden muss. Zunächst erscheint die eigene Zeit als das Erste und Ursprüngliche im subjektiven Tun und Erleben, wie sie auch in der Theorie und philosophischen Reflexion zumeist das primär

Bedachte ist. Der Weg der folgenden Untersuchung will von diesem Ausgangspunkt, der Eigenzeit des Selbst, zurück zum Grund und eigentlich Ersten gehen, als das sich die Zeit des Anderen, zumal die Verflechtung zwischen der eigenen Zeit und der fremden Zeit, erweist. Der Übergang vom Selbst zum Anderen bringt nicht nur eine zusätzliche Dimension, eine ergänzende Fragerichtung in der Existenz- und Zeitanalyse zum Tragen. Er ist ein Gang der Vertiefung, der ins Innerste, zu einem genuinen Ursprung zurückgeht, um von ihm her zu erfassen, was die Zeitlichkeit des menschlichen Lebens in der Verschränkung zwischen Selbstbezug und Fremdbezug ausmacht. Der Übergang zum Anderen ist Teil einer Kreisbewegung und einer radikalisierten Verständigung des Selbst über sich selber.

Diese Konstellation ist im Folgenden systematisch zu entfalten. Es geht in ihren Schritten darum, das Rätsel und den Sinn der eigentümlichen, nicht selbstverständlichen Figur der Zeit des Anderen aufzuhellen. Dazu sind drei unterschiedliche Verhältnisbestimmungen sowohl für sich wie in ihrer wechselseitigen Verflechtung aufzuklären: zum einen das Verhältnis zwischen der Zeit des Selbst und der Zeit des Anderen, zum anderen die Polarität zwischen positiven und negativen Formen und Wertungen des Zeiterlebens, schließlich die interne Differenzierung der Zeit nach den Dimensionen des Vergangenen, des Gegenwärtigen und des Zukünftigen. Die Überlagerung dieser drei Raster resultiert in einem komplexen Geflecht, in welchem die Zeitlichkeit der Existenz unter vielfältigen Aspekten hervortritt. Die Absicht und Herausforderung der folgenden Betrachtung ist, uns in der Erkundung dieses Geflechts über das Wesen und die existentielle Bedeutung der Zeit im menschlichen Leben zu verständigen.

Als erstes, grundlegendes Raster fungiert die Polarität zwischen der Zeit des Selbst und der Zeit des Anderen. Sie ist sowohl lebensweltlich wie theoretisch von Belang. Lebensweltlich begegnet sie uns in mannigfachen Überschneidungen, in denen wir Zeit von Anderen her erleben und auf Andere hin öffnen, aber auch schon in den einfachen Fragen, um wessen Vergangenheit es in der Erinnerung geht, wessen Gegenwart unser Erleben bestimmt, wessen Zukunft im Planen und Handeln, im Fürchten oder Hoffen auf dem Spiel steht. Ideengeschichtlich sind wir mit der Tatsache konfrontiert, dass für den Hauptstrang der Denkgeschichte – von Mythos und Metaphysik bis zur modernen Subjektivitätsphilosophie und Phänomenologie – die Auseinandersetzung mit der eigenen Zeit den Ausgangspunkt und Fokus der Besinnung bildet, gegen welche andere Konzepte die fundamentale dialogische Beziehung im Zeitlichen in den Vordergrund rücken. Die Zeit wird im Erlebens- und Handlungsraum des Selbst, aber ebenso vom Anderen her erfahren und reflektiert; das Selbst wird sich im Rahmen der eigenen wie der fremden Zeit gegenwärtig. Das Spannungsverhältnis zwischen beiden Polen bildet den Horizont, innerhalb dessen die Leitfrage zu entfalten ist. Sie erkundet prägnante Erlebnisse der – verlorenen, geschenkten, frei gelassenen – Zeit des Anderen, und sie geht der strukturellen Frage nach, wie es möglich ist, dass das Selbst in seinem Erleben die Zeit des Anderen erfahren, sich auf die Zeit des Anderen beziehen kann.

Gewissermaßen gleichursprünglich macht sich im Zeitphänomen, zweitens, das Spannungsverhältnis zwischen affirmativen und negativen, konstruktiven und destruktiven Elementen geltend. Menschen leiden unter der Zeit, sie unterliegen der unerbittlich vorangehenden, der zwanghaft sich wiederholenden und der uneinholbar entfliehenden, aber auch der diffusen, der stillstehenden und der lähmenden Zeit. Doch ebenso können sie sich im Rhythmus der Zeit aufgehoben fühlen, im Erleben und der Gestaltung der Zeit ihr Glück und ihre Erfüllung finden. Die Zeit, Medium des Aufbaus wie der Entformung, kann für sie Gegenstand der Angst wie der Sehnsucht sein. In einer mehrschichtigen, nicht ohne weiteres auf einen Nenner zu bringenden Verflechtung durchdringt diese Bivalenz die Doppelung von Eigenzeit und fremder Zeit. Die Polarität zwischen der eigenen Zeit und der Zeit des Anderen und die affektive Ambivalenz im Erleben der – aufbauenden und zerstörenden, rettenden und bedrohenden – Zeit überlagern sich in vielfältiger Weise. Das Individuum kann wie in der eigenen auch in der Zeit des Anderen Gefährdung und Schutz, Heimat und Fremde, Auflösung und Halt erleben. Die abgründige Spannung zwischen Feindschaft und Freundschaft im Zwischenmenschlichen kann sich in der konstitutiven Polarität des Zeitlichen widerspiegeln und vertiefen.

Dieser ganze Komplex findet schließlich, drittens, seine Konkretisierung in der dreifachen Ausrichtung der dimensionalen

Zeit. Die Differenz der von Heidegger so genannten Zeitekstasen – Gegenwart, Vergangenheit, Zukunft – steht für unterschiedliche Sphären des In-der-Zeit-Seins, die je mit positiven oder negativen Wertungen versehen und in verschiedenen Konstellationen mit der Zeit des Anderen verflochten sein können. Eine systematische Phänomenologie des Zeiterlebens hat sowohl mit der Divergenz wie mit der Gewichtung der Zeitdimensionen – etwa der Herrschaft des Vergangenen, der Zentralität der Erinnerung, dem Primat des Zukunftsentwurfs – zu tun und ebenso deren Interferenz mit den variierenden Interventionen anderer und Bezugnahmen auf andere zu reflektieren. In Frage steht, inwiefern sich das strukturelle und existenzielle Verhältnis der Zeitdimensionen im Wechsel zwischen Selbstbezug und Andersheit neu konstelliert. Es bleibt zu sehen, wieweit sich im Ganzen dieses Spektrums eine zusammenhängende Gestalt und kohärent interpretierbare Bestimmung der zeitlichen Existenz des Menschen ausmachen lässt. Sie bildet den Fluchtpunkt der vorliegenden Rekonstruktion. Ihre Leitfrage gilt dem Stellenwert der Zeit des Anderen im menschlichen Leben.

Der Gang der Untersuchung umfasst zwei Hauptschritte, deren erster der Zeitlichkeit des Selbst gewidmet ist, während der zweite die Zeit im Zeichen des Anderen betrachtet. In beiden Sphären geht es darum, das zeitliche Dasein zunächst in seiner allgemeinen Form und existentiellen Bedeutung herauszustellen, um diese dann im Horizont der unterschiedlichen Zeitdimensionen – Gegenwart, Vergangenheit, Zukunft – zu erschließen.

I.

DIE ZEIT DES SELBST

2. Die Zeitlichkeit der Existenz

2.1 In-der-Zeit-Sein

Der Mensch ist in der Zeit. Sein Leben ist zeitlich, und es vollzieht sich in der Zeit. Es ist in sich selbst zeitlich verfasst, erstreckt sich zwischen Früher und Später, zwischen Anfang und Ende, und es situiert sich in der Zeit der Welt, es nimmt einen bestimmten Ort im Gang der Dinge ein.

Zeit ist eine Fundamentalbestimmung des menschlichen Daseins. Sie steht nicht nur für ein notorisches begriffliches Rätsel – entsprechend dem vielzitierten Satz des Augustinus, dass er wohl wisse, was die Zeit sei, solange ihn niemand danach frage, doch in Verlegenheit gerate, wenn er sie einem Fragenden erklären solle.[1] Vor allem aber bildet sie eine abgründige existentielle Irritation – als eine Gegeninstanz zum Sein, die dem Nicht-Sein verwandt scheint und für das Vorübergehende, Flüchtige, Vergängliche steht. Als solche ist sie nicht nur dem Denken ein Rätsel, sondern eine bedrohliche, ängstigende Macht für das Leben. Dass der Mensch wesentlich zeitlich ist, dass sein Leben und Tun der Zeit unterworfen sind, erscheint im Zeichen eines Mangels, einer seinsmäßigen Schwäche. Dies zumal ist das Bild, das die Wahrnehmung der Zeit seit dem ältesten Denken bestimmt.

Auch wo sie nicht den Zeitbegriff selbst zum Angelpunkt macht, operiert die Gründungsgeschichte der europäischen Metaphysik mit dem Urgegensatz zwischen dem Seienden und dem Nichtseienden, den sie mit der Opposition zwischen dem festen, dauerhaften Sein auf der einen Seite und dem Veränderlichen und Vergänglichen auf der anderen Seite verknüpft. Es gibt nach dem Lehrgedicht des Parmenides auf der einen Seite das wahrhaft Seiende ohne Entstehen und Vergehen, unbeweglich und mit sich identisch, das der wahren, verlässlichen Erkenntnis zugrunde liegt, und auf der anderen den Bereich des Scheinhaften und Wandelbaren, des bloßen Meinens und der unwissenden Nacht.[2] Identität und Wandel, Sein und Vergehen bilden das grundlegende Spannungsverhältnis, in dem sich das menschliche Leben vollzieht. In zugespitztem Profil wird es dort thematisch, wo der Zeitbegriff selber als strukturierendes Schema hervortritt. Er ist in unserem Kulturraum als allgemeines Konzept nicht von Anfang an gegeben, sondern bildet sich in der frühen Denkgeschichte erst heraus. Während sich das Verständnis des Zeitlichen in der vorgriechisch-orientalischen Kultur in der Vielfalt spezifischer Zeiten und Zeitgestalten kristallisiert und auch in der frühgriechischen Dichtung, in Mythos und Lyrik, die Zeitvorstellung in unterschiedlichen Termini *(hemar, chronos, kairos, aion)* artikuliert wird[3], bildet sich der einheitliche, abstrakte Gedanke der Zeit *(chronos)* in der klassischen griechischen Philosophie zugleich mit der Opposition von Zeit und Ewigkeit heraus. Zwei wirkungsmächtige Definitionen, auf die zurückzukommen sein wird, gehen auf die Begründer der metaphysischen Tradition zurück. Platon bestimmt die Zeit als »bewegliches Abbild der Ewigkeit«[4], Aristoteles definiert sie als »Zahl der Bewegung nach dem Früher und Später«.[5] Beides sind prägende Vorstellungen, die teils die grundlegende Differenz zwischen der Zeit und ihrem Anderen, teils die Binnenstruktur des zeitlichen Prozedierens hervorheben. Beides sind lebensweltlich zentrale Bestimmungen, die mit existentiellen Grunderfahrungen verbunden sind. Sie artikulieren zwei Seiten der basalen Bewegtheit des Lebens, ihr fließendes Nacheinander und ihren Bezug zum Überzeitlichen.

In Letzterem wird die von Parmenides fokussierte Urdifferenz ausformuliert und vertieft. Das in der Metaphysik anvisierte Andere zur Zeit ist nicht einfach das Unzeitliche oder Zeitlose, wie es auch mathematische Größen und abstrakte Gesetze verkörpern. Im Blick steht vielmehr das Ewige als ein Zeittranszendentes, als eine höhere Seinsform, die je nach Akzentuierung als reine Gegenwärtigkeit oder als vollendetes Leben gefasst wird. Sie ist das Andere zur Abfolge von Früher und Später, das Jetzt, das in vollendeter, sich nicht entgleitender Gegenwart bei sich und mit sich eins ist. Sie ist, nach der platonisch-plotinischen Formulierung, die »im Einen verharrende« Ewigkeit oder, so Thomas von Aquin, im Gegensatz zum unablässig voranschreitenden Augenblick, das »stehende Jetzt« *(nunc stans)*.[6] Gleichzeitig wird Ewigkeit zur Chiffre des vollendeten Lebens, einer gewissermaßen höchsten, nicht aus sich heraustretenden, sondern aus sich kommenden und sich in sich vollziehenden Bewegtheit. So beschreibt Aristoteles das Sein des Gottes als ein absolutes Tätigsein *(energeia)*, das sich als »bestes und ewiges Leben« verwirklicht.[7] Solches Leben und solche Ewigkeit stehen der leeren Zeitlosigkeit wie der rotierenden Wiederholung und entgleitenden Abfolge entgegen, als Inbegriff der Erfüllung und aktualen Selbstpräsenz. Im Spiegel solcher Ewigkeit erscheint das Zeitliche in seiner Mangelhaftigkeit und Negativität, als labiles, formlos-diffuses, vergehendes Sein.

Das platonische Raster von Abbild und Urbild – Zeit als bewegliches Abbild des Ewigen – gibt einen Hinweis darauf, wie jene Defizienz zu überwinden wäre: indem in der Tiefe der Zeit das Ewige als ihr Anderes und lebendiger Grund sichtbar wird.[8] So wird das flüchtige Vergehen durch wirkendes Leben und Geschichte überformt, die nackte Sukzession von der Kraft durchdrungen, die Zeit zu gestalten. Diese Auseinandersetzung mit der Zeit, mit der uns bedrängenden, der sich entziehenden, der zerfallenden Zeit ist eine, die sowohl im realen Lebensvollzug, im Erleben und tätigen Handeln wie in der reflexiven Vergegenwärtigung, der retrospektiven und prospektiven Formgebung der Zeit stattfindet.

Im aktualen Tun und Erleben gestalten wir die Zeit, in der wir sind. Wir geben ihr eine bestimmte Form und stellen in ihr Zusammenhänge her, verbinden Früheres mit Späterem in unserem Planen und Durchführen, verflechten unsere Zeiträume mit Geschehensverläufen in der Umgebung und Handlungen anderer Menschen, erfahren harmonische und dissonante Bezüge zwischen eigenen und fremden Zeiten. Die zeitliche Synthesis, die wir aktiv und passiv vollziehen, integriert Rhythmen und Räume des Zeiterlebens, Bewegungen des Auseinandergehens und Zusammenkommens der Episoden und Momente, Prozesse der Verlangsamung und Beschleunigung der Abläufe, des Öffnens und Verengens der Zeithorizonte. Zeit ist nicht nur ein neutral-indifferentes Medium und äußerliches Gefäß des Geschehens, sondern wie ein gestaltbarer Stoff, dessen Formung in den Charakter einer Aktivität oder einer Geschichte eingeht. Zugleich sind solche Formgebungen Modalitäten, in denen Subjekte sich mit der Zeit auseinandersetzen, in denen sie Zukunft entwerfen und Geschichte aneignen. Es sind Formen des subjektiven In-der-Zeit-Seins und Lebens-in-der-Zeit.

Es sind Formen, in denen Menschen im Fluss der Zeit mit sich eins werden oder sich verlieren können, in denen die Zeit selbst zu etwas wird, in dem sich die grundlegende Spanne zwischen dem Leiden unter der Zeit und dem Glücklichsein in der Zeit auftut.[9] In vielfältigsten Facetten realisiert sich das In-der-Zeit-Sein im menschlichen Lebensvollzug.

Zum gelingenden Umgang mit der Zeit gehören, neben der aktiven Gestaltung des erlebten Zeitraums, die Weisen der reflexiven Vergegenwärtigung. Einen besonderen Stellenwert haben, neben der Erkundung der engeren oder weiteren Gegenwart und der in die Zukunft ausgreifenden hoffenden oder fürchtenden Erwartung[10], die vergangenheitsbezogenen Modalitäten der Erinnerung. Deren exemplarische sprachlich-bewusstseinsmäßige Form bildet die Erzählung. Erzählung ist eine in praktisch allen Kulturen vorhandene Hauptform des sinnhaften Selbst- und Weltverhältnisses und ein Prototyp historischer Darstellung. In eindringlicher Weise ist die enge Verschränkung zwischen der Erzählung und der Dimension der Zeitlichkeit im dreibändigen Werk *Temps et Récit* von Paul Ricœur entfaltet worden.[11] Die Zeit wird durch die narrative Artikulierung in eine menschliche Zeit, in die Zeitdimension des Lebens, verwandelt. Sie wird dies, indem sie zugleich zum Gefäß existentieller Bedeutsamkeit und sinnhafter Strukturierung wird. Im Modus der Erzählung findet paradigmatisch die inhaltliche Verschränkung zwischen Früher und Später (in der aristotelischen Definition noch ganz schematisch als Zahl der Bewegung gefasst) statt, indem Momente des Verlaufs in ihrer bedeutungsmäßigen Stellung – als Plan und Realisierung (oder Scheitern), Erwartung und Erfüllung (oder Enttäuschung), Gedächtnis und Last (oder Freude) etc. – aufeinander bezogen und erlebensmäßig angeeignet werden.

Ricœur sieht die eigentliche Leistung solcher Strukturbildung darin, dass sie die begriffliche Aporie der Zeit überwinden lässt, die in der unversöhnten Polarität von Sein und Nicht-Sein liegt: darin, dass essentielle Modi des Zeitlichen (das Vorübergehende, das Momenthafte, das Vergehende) und Dimensionen der Zeit (das Gewesene, das Kommende) nicht eigentlich, wirklich *sind*. Wie kann die Zeit sein, wenn das Vergangene nicht mehr ist, das Kommende noch nicht ist, das Gegenwärtige nicht immer ist?[12] Augustinus war dem Problem mit dem Konzept einer dreifachen Gegenwart – der Präsenz des Vergangenen, des Gegenwärtigen, des Kommenden – begegnet, die in gewisser Weise auch das Abwesende anwesend, in der ›Ausgespanntheit der Seele‹ gegenwärtig sein lässt. In der *distentio animi* wird die Extension der Zeit für das Subjekt erfahrbar.[13] In einer anderen Weise sieht Ricœur das Problem der Zeit in der aristotelischen Poetik ›gelöst‹, die dabei auf zwei Leitbegriffe zurückgreift: auf den *mythos,* den Ricœur als *mise en intrigue*, als narrative Handlungsstrukturierung, begreift, und auf die *mimesis* als Angleichung an das zeitliche Erleben vermittels dieser Formbildung.[14] Doch erschöpft sich die narrative Komposition des Vielen nicht in der textuell ausformulierten Erzählung. Den eigentlichen Schlüssel zum Verständnis eines ›gelingenden‹ Umgangs mit der Zeit sieht Ricœur im Zusammenspiel dreier Ebenen der narrativen Integration, die er als Mimesis I, Mimesis II und Mimesis III spezifiziert: Die narrative *Konfiguration* eines Ereigniszusammenhangs durch die erzählende Gestaltung ist eingerahmt von einer *Präfiguration* des Geschehens in der narrativen Tiefenstruktur der praktischen Lebenswelt auf der einen Seite, einer *Refiguration* in der Rezeption und Weitergabe von Sinngebilden auf der anderen. Im Kreislauf von Leben, Werk und Lektüre vollzieht sich die Vermittlung von Zeit und Sinn, in welcher wir der Flüchtigkeit des Entgleitens standhalten und dem Leben eine inhaltlich bestimmte, sinnhaft aneigenbare Form geben. Solche Transformation des Lebens ist ein privilegiertes Medium, in welchem die Zeit sich zur Geschichte verdichtet, zu jenem Raum ausweitet und gestaltet, in welchem sich das konkrete Leben der Menschen abspielt.

Doch erweitert sich nicht nur die Zeit zur Geschichte. Nach der Gegenrichtung kristallisiert sich die Geschichte in unterschiedlichen Zeiten. Die Zeit ist nicht nur das universale Raster allen Geschehens. Sie spezifiziert sich als das konkrete Milieu, in welchem menschliches Leben sich entfaltet. Jede Zivilisation hat ihr Zeitverständnis, ihre Prägung des Zeiterlebens, ihre Formen des Zeitbewusstseins, ihre Weisen des lebensweltlichen Umgangs mit Herkunft, Gegenwart und Zukunft. Geschichte ist nicht nur ein umfassender Horizont, sondern selber ein Gebilde, das sich im kulturellen Wandel transformiert. Zeit unterliegt in signifikanter Weise der historischen Veränderung. Es gab für die Menschen nicht immer in gleicher Weise eine Geschichte. Sie haben sich nicht immer auf ihre Zukunft hin entworfen, sich von ihrer Herkunft oder ihrer Zukunft her verstanden. Der Prozess des Wandels ist von ihnen nicht zu allen Zeiten in gleicher Weise erlebt und artikuliert worden. Stellvertretend sei nur auf die Veränderungen des Zeitgefühls in der modernen Zivilisation verwiesen. Stichworte wie Beschleunigung, Innovationsverdichtung, Gegenwartsschrumpfung zeigen grundlegende Veränderungen in der Art und Weise an, wie Gesellschaften ihr Leben führen und ihr Sein in der Zeit charakterisieren.[15] Es sind oft beschriebene Phänomene, die sich in die paradoxe Struktur einer Zeit der Zeiten, eines Wandels der Veränderungen einschreiben und die ungeachtet ihrer scheinbaren Evidenz nicht ohne Ambivalenzen sind. Wieweit sich das beschleunigte Vorankommen in Erstarrung verkehrt, ob sich die universale Ausbreitung in diffuse Omnipräsenz entleert, inwiefern mit dem zivilisatorischen Wandel eher eine Intensivierung oder eine Lockerung und Zerstreuung des Zeitlaufs einhergeht, bleibt im Konkreten zu prüfen. Festzuhalten ist an dieser Stelle nur der allgemeine Sachverhalt, dass die Zeit, basales Grundelement der conditio humana, zugleich der kulturellen Prägung und dem historischen Wandel unterliegt. Es ist im Einzelnen zu sehen, wie sich dieser Wandel zur allgemeinen Form des menschlichen Seins in der Zeit verhält und wie er sich auf das Verhältnis zwischen der Zeit des Selbst und der Zeit des Anderen auswirkt.

2.2 Subjektbezug der Zeit

Wir gehen aus von der Zeit des Selbst. In der im Vorigen erinnerten metaphysischen Betrachtung ist die Frage zunächst offen, *wessen* Zeit in Frage steht. Die Fundamentaldifferenz zwischen Zeit und Ewigkeit, zwischen Identität und Wandel, Dauer und Vergänglichkeit betrifft als solche alles, was ist – die Götter, die Welt, die Dinge, die Menschen. Mit Bezug auf alles, was ist und was Gegenstand des Denkens werden kann, lässt sich die Frage stellen, ob es in der Zeit oder außerhalb der Zeit ist, ob es veränderlich oder unbewegt, dauerhaft oder vorübergehend, ob es an ihm selbst von zeitlicher Natur oder zeittranszendent ist. In der hier unternommenen Reflexion gehen wir der Frage nicht in dieser Weite nach. Vielmehr interessiert die Zeitlichkeit eines bestimmten Seienden, des Menschen. Und sie interessiert in einer ganz spezifischen Perspektive: aus der Sicht des Menschen selbst, seines inneren Zeitlich-Seins, seines Zeit-Erlebens und seines Verhaltens zur Zeit, nicht aus einer Außensicht, welche das Lebewesen Mensch unter die anderen Lebewesen und Gegenstände einreiht und diese in ihrer temporalen Natur charakterisiert. Es geht um eine Beschreibung aus der Erste-Person-Perspektive, in deren Horizont auch die Frage nach der Zeit des Anderen ihre spezifische Prägnanz gewinnt. Von vornherein scheint die Zeit des Subjekts in bestimmten Gegenüberstellungen angesprochen: in der Opposition von subjektiver und objektiver Zeit, von individueller und sozialer Zeit, von menschlicher und kosmischer, erlebter und physikalischer Zeit, von Lebenszeit und Weltzeit. Den Ausgangs- und unhintergehbaren Bezugspunkt einer existentiellen Beschreibung der Zeit scheint je die eine Seite dieser Polaritäten zu bilden: die individuelle, subjektiv erfahrene, eigene Zeit. Wie selbstverständlich bildet sie das zentrale Thema der philosophischen und psychologischen Auseinandersetzung um das In-der-Zeit-Sein des Menschen.

Die enge Verknüpfung zwischen der Zeit und dem Subjekt lässt sich nach verschiedenen Hinsichten explizieren: im Blick auf die Zeit als Medium des Selbstseins (a), auf das Subjekt als Quelle und Bezugspunkt der Zeitentfaltung (b), auf den Menschen als Gestalter und Produkt der Zeit (c).

(a) Zeit als Medium des Selbstseins

Die Seinsweise des Menschen ist Leben. Die basalste Bestimmung des Lebendigseins ist die Prozessualität, die Bewegtheit in der Zeit. Es ist eine gerichtete und selbstbezügliche Bewegtheit, die sich im Medium der Zeit vollzieht. Sie ist das Element der Existenz des Selbst, mit allen Merkmalen, welche die ontologische Grundunterscheidung benannt hatte, als Element des Entstehens und Vergehens, der Veränderung und Stabilisierung, der Formbildung und des Zerfalls, des Kommens und des Gehens. All dies gehört zu den Grundbedingungen des Zeitlichen, die auch Voraussetzungen des Selbst sind, und sie werden spezifiziert durch die Formen des subjektiven Erlebens und Verhaltens, des Planens und Aufbauens, Gestaltens und Auflösens, des Anfangens und Ausführens, des Beendens und Zu-Ende-Gehens. Zeit, die sich als Lebenszeit des einzelnen Lebewesens je in die soziale, historische, kosmische Zeit einschreibt, ist der dynamische Spielraum des subjektiven Selbstseins. Dieses entfaltet sich in der zeitlichen Ausgedehntheit und nach der Ordnung von Früher und Später, die nach Augustinus und Aristoteles Grundbedingungen des Zeitlichen ausmachen. Dass unser Leben sich *in* der Zeit vollzieht, dass das Leben wesenhaft zeitlich *ist*, ist der Grundtatbestand, der in seiner Bedeutung und seinen Konsequenzen aufzuhellen ist.

(b) Das Subjekt als Bezugspunkt der Zeitordnung

Die Erkundung dieses Tatbestandes stößt unmittelbar auf die gegenläufige Lesart der Verstrickung von Zeit und Selbst. Nicht nur ist das Selbst in der Zeit, ebenso bildet es die Form und das Gefäß der Zeit, fassen wir die Zeit vom Selbst, von der Seinsart des Subjekts und der subjektiven Auffassungsweise her auf. Ein klassischer Topos dieser Sicht findet sich bei Kant, der die Zeit als apriorische Form der Anschauung, genauer des inneren Sinnes definiert. Danach ist Zeit zunächst nicht ein uns erfahrungsmäßig gegebener Inhalt, sondern eine Bestimmung der Art und Weise, wie wir Gegebenes in seinem Nacheinander auffassen, wie wir auf der anderen Seite sinnliche Gegenstände zugleich im Außereinander des Raums, der Form des äußeren Sinns, aufnehmen. Dass es sich um eine apriorische Form handelt, heißt, dass die Vorstellung der Zeit nicht aus der Wahrnehmung stammt, in welcher wir Ereignisse in ihrer Abfolge erfassen, sondern dieser vorausliegt (und als solche auch der äußeren Anschauung innewohnt, die immer auch in zeitlicher Ausdehnung stattfindet). Zeit ist Grundlage und konstitutives Element unseres Seins und Denkens, unseres Spürens und Wahrnehmens im Erforschen der Dinge und Durchdringen der Welt. Alles, was die Prozessualität unseres Lebens, unseres Erfahrens und Hervorbringens ausmacht, vollzieht sich in einer Ordnung des Nacheinander und Aufeinander-Bezogenseins der Momente;

sie ist integratives Element unseres Selbst- und Weltverhältnisses im Ganzen und all seiner Manifestationen. Edmund Husserl hat diese Ordnung als inneres Gerüst des Seins des Subjekts herausgestellt, das sich im Medium der Zeit ausbildet und dessen Entfaltung ihrerseits Basis des Gegenstandsbewusstseins und der Welterfahrung ist. Die Synthesis, Kontinuität und Gestaltbildung der Zeit liegt der Form des Selbstseins wie des Weltbewusstseins zugrunde. In diesem Sinne ist die Zeit, die solcherart zum innersten Prinzip des Selbst wird, transzendentaler Bezugspunkt des Bewusstseins überhaupt. Es ist die Zeit des Selbst, die als Rahmen und letzter Referenzpunkt jeder Genese und Formbildung fungiert.

Es kann erhellend sein, diese Konstellation im Verhältnis zu spezifischen Prägungen des Zeitbegriffs zu beleuchten. Eine exemplarische Fassung in der Diskussion des 20. Jahrhunderts ist durch die Unterscheidung zweier Raster gegeben, die John McTaggart Ellis McTaggart als A-Reihe und B-Reihe auseinandergehalten hat: einerseits die Differenz vergangen – gegenwärtig – zukünftig, andererseits das Schema früher – gleichzeitig – später.[16] Es sind zwei grundlegend unterschiedliche Weisen, die Struktur zeitlicher Abläufe und Gebilde zu erfassen, die sich im Grundzug seit den frühesten Zeitabhandlungen bei Platon, Aristoteles und Augustinus finden und auch neuere Diskussionen um die Zeit bestimmen, in denen die Frage ihrer gegenseitigen (Nicht-)Reduzierbarkeit verhandelt wird. Beide Raster haben ihre Funktion in der Zeit des Selbst. Sie gliedern das temporale Selbst- und Weltverhältnis des Subjekts, doch mit dem signifikanten Unterschied, dass die Unterscheidung zwischen früher, gleichzeitig und später aus einer Außenperspektive konzipiert ist, in welcher die Bewegung des Selbstseins analog zur Abfolge äußerer Ereignisse bestimmt wird, welche sich im Voranschreiten der Zeit als identische erhält, sofern das Frühere immer früher, das Spätere immer später bleibt. Demgegenüber sind die Dimensionen von Vergangenheit, Gegenwart und Zukunft konstitutiv auf einen Bezugspunkt, idealiter ein erlebendes Subjekt bezogen, *für* welches sie diese Zeitqualität haben. Es ist eine Triade, die sich sukzessiv im Laufe der Zeit verändert, indem das Kommende gegenwärtig wird und das Gegenwärtige in die Vergangenheit herabsinkt. Wenn wir die Dualität dieser Auffassungsweisen der Zeit als Teil der existentiellen Zeitlichkeit begreifen, so bedeutet sie, dass die Zeit des Lebens nicht nur aus der Erlebensperspektive des Ich bestimmt wird, sondern zugleich in die Zeit der Welt, die geschichtliche und natürliche Zeit, eingelassen ist. Die in die ›dimensionalen‹ Ekstasen des Gewesenen und Kommenden sich auseinanderlegende Ausdehnung der Seele ist eine Wesensbestimmung ihrer Zeitlichkeit, doch nicht deren Ganzes.

In einer anderen Weise fasst Emmanuel Levinas das Abrücken von der Subjektperspektive als Gegenwendung zu Kants Bestimmung der Zeit als apriorischer Bewusstseinsform. Ja, er bestimmt die »Entformalisierung *(déformalisation)* des Zeitbegriffs«[17] geradezu als springenden Punkt der von ihm intendierten Revision des Zeitdenkens. Es gilt die Zeit nicht als Form und Gefäß des Geschehens aufzufassen, sondern als die Zeitigung selbst oder, wie Levinas gegen das eleatische Seinsdenken betont, nicht als »gefallene Form des Seins, sondern sein Ereignis selbst«.[18] Die enge Verschränkung der Zeit mit dem Ereignis bedeutet gleichzeitig ihre Verflechtung mit der Geschichte und der inhaltlichen Bestimmtheit des Geschehens. Zeit ist kein formal-leeres Gerüst. Im Gegenzug zu Husserls Rückführung der Zeiterfahrung auf die Form der retentional-protentionalen Ausgedehntheit des Bewusstseins fundiert Levinas, in der Nachfolge Heideggers, die Zeitlichkeit in der Faktizität des Daseins und der Selbsterschlossenheit des Lebens; weiter gehend verweist er auf Franz Rosenzweig, der die drei Zeit-Ekstasen, jenseits der bloß temporalen Dimensionalität, mit religiösen Grundgeschehnissen und Erfahrungen verknüpft: die Vergangenheit mit dem Gedenken der Schöpfung, die Gegenwart mit dem Hören auf die Offenbarung, die Zukunft mit der Hoffnung auf die Erlösung.[19] Doch auch unabhängig von solchen substantiellen Vorgaben scheint es naheliegend, die Temporalität des menschlichen Seins eng mit dem erlebensmäßigen Gehalt prozessualer Erfahrung und zeitlicher Vor- und Rückgriffe zusammenzuführen. Die Struktur des inneren Zeitbewusstseins, die Husserl in seinen Vorlesungen entfaltet[20], führt nach Ricœur hinter die Phänomenologie der Wahrnehmung zu einer »tieferen Phänomenologie« zurück, welche Husserl in den »dunklen Tiefen des letzten, alle Erlebniszeitlichkeit konstituierenden Bewusstseins« festmacht.[21] Die Zeitlichkeit des Erlebens ist ein innerster Kern und eine Grundlage jeder Art des

Wahrnehmens und Verhaltens. Die Erlebniszeit aber ist als Zeit des Lebens von sich aus mit Grundzügen der Existenz verflochten, von der dynamischen Gerichtetheit des Lebens getragen. Auch als solche, nicht nur als transzendentale Form, öffnet sie sich zunächst in ihrer subjektiven Prägung, vom Subjekt her – doch ohne dass sie in diesem ihren ersten Ursprung und letzten Resonanzraum hätte. Sie weist, wie zu zeigen sein wird, zugleich auf den Anderen.

(c) Der Mensch als Gestalter und Produkt der Zeit

Bevor dieser Spur nachzugehen ist, ist die Zeit des Selbst nach einer weiteren Hinsicht zu erkunden. Das Subjekt lebt nicht nur in der Zeit, und es ist nicht nur transzendentaler Ursprungs- und Bezugspunkt der Zeitentfaltung. Der Mensch ist in seiner konkreten Lebensführung Subjekt und Objekt, Gestalter und Produkt der Zeit. Er gestaltet einerseits die Zeitform seines Lebens, er bestimmt – absichtlich oder unbewusst-unwillentlich – den Rhythmus und das Tempo, den Zusammenhalt oder die Desintegration des Lebensflusses, und er unterliegt andererseits dem Charakter der ihn umgebenden und durch ihn hindurchgehenden Zeit, ihrer Schwere und Leichtigkeit, ihrem Stocken und Fließen, ihrem Zwang und ihrem Zerfall. Die Zeitgestalt des menschlichen Lebens ist Ausdruck synthetischer und formbildender Kraft, je nachdem Reflex von Schwäche und Diffusität. Der Mensch prägt die soziale und geschichtliche Zeit, in der er lebt, und er wird durch sie geprägt; er ist ihr Meister und kann ihr Opfer sein. All diese Bezüge stehen unter der Prämisse, dass die Zeit nicht eine abstrakte, feststehende Prozessform und Gliederung ist, sondern dass sie vielfältig qualitativ bestimmt und lebensweltlich gefärbt, zuinnerst mit dem Lebensvollzug verflochten ist.

Symptomatisch zeigt sich dies in pathologisch affizierten Weisen des Zeiterlebens, im Leiden unter der chaotischen oder flüchtig entgleitenden Zeit wie in Erfahrungen der lähmenden oder starren Zeit; es wird an späterer Stelle auf solche Phänomene und ihren existentiellen Stellenwert zurückzukommen sein. Doch desgleichen wird die qualitative Prägung in positiven Erlebnissen der erfüllten, entgegenkommenden Zeit fassbar, auch in alltäglichen

Weisen des Zeiterlebens, in Modi des Zeitüberflusses oder Zeitmangels, des langsamen oder schnellen Vorübergehens. Zeit haben, keine Zeit haben, Zeit mit anderen teilen, Zeit stehlen, Zeit schenken: All dies sind exemplarische Erlebens- und Verhaltensweisen im Umgang mit der Zeit und im Verhältnis zu anderen. So basal sie scheinen, so wenig sind sie selbstverständlich und so schwer kann es fallen, sie begrifflich zu explizieren. Das Paradox fängt beim elementaren Sachverhalt des Zeit-Habens an. Dass wir Zeit haben, scheint das Elementarste im Lebensvollzug. Leben, schreibt Pascal Chabot, »ist nichts anderes als Zeit haben«, die Zeit ist »das Wesentlichste, was jeder als eigenes besitzt«.[22] Und doch ist die Tatsache ebenso elementar, dass uns die Zeit fehlen kann, dass wir nicht über sie verfügen, dass wir »keine Zeit haben«. Unser Verhältnis zur Zeit erscheint ebenso ursprünglich als eines der »Enteignung« wie des Besitzes.[23] Das von Derrida angesprochene Rätsel, wie man jemandem Zeit schenken kann, die doch keiner wirklich zu eigen hat, weist auf die Gabe als ein Urprinzip der Sozialität, die im Innersten mit der Zeitlichkeit verschränkt ist.[24] Offenkundig gibt es Situationen, wo Zeit das einzige ist, was Menschen haben und schenken können, und ebenso Situationen, in denen sie das größte, persönlichste Geschenk ist.

Wir werden die Verflechtung zwischen der Zeit und der Andersheit im Zeichen des Gebens an späterer Stelle zu vertiefen haben; an dieser Stelle geht es darum, die Zeitigung, die Eröffnung des Raums, in welchem etwas sich entwickeln, seinen Weg gehen oder entgegenkommen kann, als einen Akt festzuhalten, der im Selbst wurzelt, vom Selbst ausgeht und sich von ihm aus auf Anderes öffnet. Zeit haben, Zeit nehmen, Zeit schenken sind zunächst originäre Figuren einer Zeit des Selbst. Zugleich wird in ihnen unübersehbar, dass die aus dem Selbst kommende Zeit mit einer nicht im Selbst zentrierten, einer das Selbst überschreitenden und es umfangenden Zeit kommuniziert. Die eigene Zeit ist unhintergehbar mit der fremden Zeit, der sozialen, gesellschaftlichen und geschichtlichen Zeit verflochten, sie hat ihre lebensweltliche Prägung, ihre praktische, emotionale Relevanz in der Dialektik mit der Weltzeit. Gestalter und Produkt der Zeit ist der Einzelne im Verkehr mit der Zeit der Anderen, mit der Zeit der Vorfahren wie der Zeit der Nachkommen, der Zeit naher und ferner Regionen. All dies sind

Facetten des In-der-Zeit-Seins, der Zugehörigkeit des Subjekts zur Zeit und der Verankerung der Zeit im Selbst.

2.3 Zeiterfahrung und Umgang mit der Zeit

Dass wir in der Zeit sind, besagt als Erstes, dass wir in das Kommen und Gehen der Zeit eingelassen sind. Unser Leben unterliegt dem Fluss der Zeit. Lebendiges entsteht, reift und vergeht, es nimmt teil an der Bewegtheit aller Dinge, verharrt nicht in starrer Selbstgleichheit. Allerdings ist seine Bewegung kein homogener Verlauf. Neben dem Fließen der Zeit gibt es den Rhythmus des Lebens. Es gibt die gegliederte, regelmäßig getaktete oder variabel gestaltete Abfolge der Phasen und Bewegungen, denen sich die Lebensführung anschmiegt, in die sie sich aufnehmend und konstruierend einfügt. Die Lebensbewegung kann sich dem Zeitfluss überlassen oder ihm widerstehen, sich ihm entwinden und ihn eigentätig überformen. Eile und Geduld sind polare Formen dieses Verhaltens. Die Tugend der Geduld kann darin liegen, den Rhythmus der Natur anzunehmen und die eigene Bewegtheit nach ihm zu richten. Der Geduldige ist derjenige, der Zeit hat und weiß, dass die Zeit zu seinen Gunsten spielt, der auch warten, seine Stunde abwarten kann.[25] Warten und Wartenkönnen sind grundlegende Weisen des Umgehens mit der Zeit, die sich nicht von selbst verstehen, die mit Klugheit, Temperament und List, auch mit Feinfühligkeit und dem Sinn für das Richtige assoziiert sein können.[26] Geduld und Eile sind Umgangsweisen mit der Zeit, die durch ein bestimmtes synchronisierendes oder dissoziierendes Verhältnis zum Zeitfluss definiert sind und mit Modi des Selbstverhältnisses, der inneren Ausgeglichenheit oder Angespanntheit, der Harmonie oder Disharmonie verflochten sein können. Sie können natürliche Dispositionen oder Gegenstand reflektierter Regulierung und als solche Themen einer phänomenologischen Beschreibung wie der praktischen Überlegung und Übung sein. Im Erleben und Mitvollziehen der Zeit sind wir mit Phänomenen der Befristung, des Aufschubs, des Zurückliegens und der Beschleunigung konfrontiert, in denen die Bewegtheit des Lebens und die Prozessualität der Zeit sich in unterschiedlichen Konstellationen miteinander verbinden.

In alledem liegt eine Grunderfahrung des Eingelassenseins in die Zeit im Erleben der Vergängnis. Zeitlich sein heißt ins Leben kommen, vorübergehen, sich ändern, zu Ende gehen. Zwar beinhaltet solches Vorüber- und Weitergehen zugleich ein Werden und Neuwerden: Gegenwärtig sein heißt das Gewesene hinter sich lassen und übergehen zu Anderem; »die Vergänglichkeit der Zeit erfahren«, schreibt Georg Picht, heißt »zugleich auch ihre Zukünftigkeit« erfahren.[27] Das Vergehen und das Kommen der Zeit sind gleichursprüngliche Modalitäten der existentiellen Zeiterfahrung. Dennoch bildet die Vergänglichkeit in gewisser Weise die aufdringlichere Seite des Gewahrwerdens der Zeit, zumal diejenige, die im kulturellen Zeugnis des Zeiterlebens, in der theoretischen wie literarischen Reflexion, die vorrangig bedachte ist. Die Konfrontation mit dem Vergehen aller Dinge, zuletzt mit der eigenen Vergänglichkeit gehört zu den Urerfahrungen und Urleiden der Menschheit. Schon im Mythos und in der Tragödie heißen die Menschen im Gegensatz zu den unsterblichen Göttern ›die Sterblichen‹. Die Klage über das Vergehen, die Sehnsucht nach der Beständigkeit, der Widerstand gegen das Vergessen und die Pietät des Bewahrens als Leitidee der Erinnerung – all dies sind Fluchtlinien einer Gegenbewegung gegen die Schwerkraft der fließenden, entgleitenden Zeit, gegen das Gesetz des unerbittlichen Verfalls. Das »Interesse an der Unvergänglichkeit alles Vergänglichen«, die als regulative Idee die historische Kultur leitet[28], ist ein innerstes Movens des Lebens in Auseinandersetzung mit seiner Endlichkeit. Es ist das Verlangen nach einer Gegenkraft gegen die Entleerung und Desintegration im Vorübergehen und Entschwinden des menschlichen Lebens.

In idealtypischer Zuspitzung kommt dieses Verlangen, kommt der darin virulente Antagonismus in der Opposition von Zeit und Ewigkeit zum Ausdruck. Die Vorstellung der Ewigkeit ist die äußerste Antithese zur Nichtigkeit des Zeitlichen. Sie steht für die radikale Überwindung des Makels des Vergehens, für das Andere zur Zeit.

Indessen, so hat sich gezeigt, ist das Andere der Zeit ein mehrfaches. Es ist auf der einen Seit die metaphysische Zeitlosigkeit – das Unveränderliche, das frei von Bewegung und Wandel ist, jenseits von Entstehen und Vergehen. Auf ein solches Jenseits zielte die parmenideische Dissoziation zwischen dem wahrhaft und dem defizitär Seienden und die darin verborgene, halb aufgedeckte Urangst vor dem Anderswerden als Einbruchstelle des Nichts und der Auflösung. Das so konzipierte Gegenstück zum Veränderlich-Vergänglichen ist frei von jeder Infizierung mit Andersheit und Differenz, ohne Lücke und Mangel, verharrend in reiner Identität mit sich. Für die metaphysische Tradition ist darin das Ideal des wahrhaft Seienden entworfen, Gegenstand reiner, sinnlich ungetrübter Schau ohne Mischung und Zwiespalt, Inbegriff höchster Festigkeit und voraussetzungsloser Grund allen Seins und Erkennens. Solche Identität aber, wenn auch mit reiner Erkenntnis enggeführt, ist in Wahrheit nicht nur jenseits des Makels, sondern auch des Lebens. Sie ist das Andere nicht nur des Wandels, sondern auch jener eminenten Seinsweise, welche die des Lebendigen ist. Ihre Zeittranszendenz ist die des Unzeitlichen, die Zeitlosigkeit des Toten, das keiner Veränderung unterliegt, nicht als Jenseits, sondern wesensfremdes Diesseits des Wandels.

Dieser Zeitfremdheit steht eine andere Zeittranszendenz entgegen, welche die Prozessualität in sich aufgenommen hat, und dies so, dass die Übersteigung des Zeitlichen nicht zur destruktiven Leere, sondern zur aktualisierenden Fülle führt. Es ist die Transzendenz, die in eine höhere Form des Lebens führt, welches nicht im Zeichen des unausweichlichen Verfalls, sondern der Verwirklichung und Selbstwerdung steht. Ihr Idealbild, so Theunissens theologische Transposition dieser Figur, ist das göttliche Leben, ihr idealer Vollzug der einer Ewigkeit, welche die Zeit durchdringt und in ihr aufscheint – eine Zeit, in der das in seiner »unausdenkbaren Fülle« bevorstehende Andere der Zeit »schon angekommen« ist.[29] Dies sind emphatische Zeichnungen einer affirmativen, erfüllten Zeit des Lebens, dessen Brüchigkeit hier und jetzt, im aktualen Vollzug verwandelt werden soll. Nicht wird die Endlichkeit des Daseins darin widerrufen. Sie bleibt das unauslöschliche Merkmal der zeitlichen Existenz. Menschliches Leben bleibt in mehr oder minderem Ausmaß durch den Charakter des Fragmentarischen und Unabgeschlossenen gezeichnet, durch Inkonsistenz und Intransparenz, Mangel und Bedürftigkeit. Doch ist es zugleich vom Verlangen nach Integrität und Ganzheit getrieben, von einem Verlangen, das in seine Bewegtheit eingeht, die im Bild des vollen Lebens gewissermaßen auf ihr immanentes Telos hin projiziert wird und darin an jenem Vorschein des Ewigen im Zeitlichen teilhat.

Nun ist diese Partizipation ebenso in einer anderen Figur gegenwärtig, die nicht allein dem Verlangen und der idealen Projektion, sondern der faktischen, reflexiven Vergegenwärtigung des Lebens innewohnt. An der Flüchtigkeit des Vergehens arbeitet der Mensch sich nicht nur im tätigen Leben, in der Stiftung von Institutionen und der Kontinuität von Lebenspraktiken, im Planen, Tradieren und Erneuern ab, sondern ebenso in der sprachlichen Repräsentation und kulturellen Sinnschöpfung. Paradigmatisch wird diese Leistung in der narrativen Formgebung in ihrer vereinheitlichenden und interpretierend-gestaltenden Kraft vollzogen. Paul Ricœur ist ihr in der zitierten Abhandlung durch die verschiedenen Modalitäten des Erzählens und ihre temporale Verstrickung hindurch nachgegangen. Die von ihm herausgestellte dreifache Mimesis umreißt die Weise, wie in der narrativen Gestaltung und Aneignung des Lebens eine Annäherung von Zeit und Ewigkeit stattfindet. Zweifellos, meint Ricœur, bedurfte es des Bezugs auf ein Anderes der Zeit, um der menschlichen Zeitlichkeit voll gerecht zu werden und sie in ihrer Tiefe so zu entfalten, dass die Dualität von Zeit und Ewigkeit nicht nur als Grenzbestimmung der Ausdehnung, sondern als Verschränkung des Zeitlichen mit seinem Anderen zum Tragen kommt.[30] Das Besondere der erzählenden Artikulation liegt darin, dass sie sich gleichzeitig dem temporalen Fluss anschmiegt und die vereinigend-gestaltende Prägung vollzieht, deren Form das Vorübergehen transzendiert. Erzählen ist eine idealtypische Weise, in welcher wir uns um das Bewahren und die Ganzheit des Lebens bemühen, die indessen ihrerseits keine Gewähr der Vollendung und Fülle in sich trägt, sondern unabgeschlossen und fragmentarisch bleiben kann. Die Transzendenz des Zeitlichen bleibt im Medium der Erzählung ein Ideal und ein regulativer Fluchtpunkt.

Neben dem grundsätzlichen In-der-Zeit-Sein als Bedingung der Existenz und Medium der Selbstvergegenwärtigung interessieren in einer phänomenologischen Beschreibung die konkreten Formen des Zeiterlebens und Umgehens mit der Zeit. Es sind zugleich Formen der Prozessualität des Selbstseins, der Selbsterfahrung und Selbstwerdung, wobei beide genannten Raster der Zeitordnung nach der ›A-‹ und ›B-Reihe‹ einschlägig sind: die Vermittlung der dimensionalen Differenz von Vergangenem, Gegenwärtigem und Zukünftigem und die Ordnung nach der begrifflich-strukturellen Unterscheidung zwischen früher, gleichzeitig und später. Das Eingelassensein in und Sich-Verhalten zu diese(n) Relationen steht im Zentrum der traditionellen Beschreibungen der Zeitlichkeit des Lebens, wobei namentlich der A-Reihe, dem Verhalten zu Vergangenheit, Gegenwart und Zukunft, ein besonderes Gewicht zukommt. Zusätzlich ist eine weitere, zu diesen Rastern quer stehende Differenzierung, welche den existentiellen Ort und die lebensweltliche Wertung des Zeitlichen betrifft, in der Sache bedeutsam und für die Analyse aufschlussreich. Es ist die Unterscheidung zwischen positiven und negativen Modalitäten der Erfahrung von Zeit. Zeit kann das Medium des Zerfalls wie des Werdens, des Selbstverlusts wie der Selbstfindung, der Zerstreuung wie der Vereinigung sein. Die zwiespältige Wertung tangiert die Zeit generell, die meinem Leben Freund oder Feind sein kann, und sie kann sich in der Unterschiedlichkeit temporaler Erlebensformen manifestieren, in denen ich die Vergangenheit als Last oder als Stütze erfahre, in denen die Gegenwart mir erfüllt oder leer wird, die Zukunft als Hoffnung oder Bedrohung entgegenkommt. Ein Blick auf die tiefgreifende Bivalenz des Temporalen (3.) kann den Zugang zu den Dimensionen des In-der-Zeit-Seins vermitteln (4.).

3. Zwiespalt der Zeiterfahrung

3.1 In der Zeit glücklich sein

Auch wenn die Grundbedingung des Zeitlichen zunächst vornehmlich im Zeichen der Negativität, der Auflösung und des Verlusts erscheint, werden konkrete Konstellationen zeitlicher Existenz doch vielfach unter positiven Vorzeichen beschrieben. Die Zeit ist die Dimension, in der ich mich in meiner Vielfalt auseinanderlege, in meinen Möglichkeiten entwickle und zugleich in meiner Einheit finde und mit mir eins werde. Menschliches Dasein ist Selbstverwirklichung in der Zeit, im geordneten Nacheinander der Phasen des Tuns und Erlebens wie im Ausgespanntsein auf Gewesenes und Kommendes. Beides versteht sich nicht von selbst und beides kommt nicht immer zustande, ist der Gefahr der Diffusion und Zerstreuung ausgesetzt. Beide Strukturierungen sind auf eine Fähigkeit des erlebenden und tätigen Subjekts angewiesen, eine Kraft des Zusammenhalts ebenso wie der gestaltenden Formgebung in der Art und Weise, wie Momente und Prozesse miteinander verknüpft und sinnhaft aufeinander bezogen werden. Dass ich Früheres als Vorbereitung eines Späteren erlebe oder rückblickend verknüpfe, dass ich eine erwartete Begegnung als Erfüllung oder Enttäuschung erfahre, sind konkrete Formen der temporalen Verweisung und Verflechtung. Es sind Konstellierungen, die nicht von sich aus feststehen, sondern im Agieren und Interpretieren erstellt, bewahrt, verändert, aufgelöst werden. Das konkrete Zeitgefüge mit seinen Abfolgen, Bögen und Sprüngen, in dem sich unser Leben vollzieht, ist vom inhaltlich-bedeutungsmäßigen Gefüge der Erlebnisse und Geschehnisse nicht ablösbar. Es ist ein Gefüge, dem wir teils passiv unterliegen, das wir teils aktiv konstruieren und das unter beiden Hinsichten die lebensweltliche Färbung unseres In-der-Zeit-Seins ausmacht. Die Kraft zur strukturierenden Synthesis kann mehr oder weniger ausgeprägt sein, sie kann unserem Tun und Erleben innewohnen, aber auch erlahmen und uns entgleiten, so dass der Zeitfluss zerfällt oder »zur nackten Sukzession gerät«. Es ist ein Zerfall, der das Sein des Menschen in seinem Innersten tangiert, ist doch »der Vollzug der Zeit durch menschliche Subjekte [...] zugleich deren Selbstvollzug« – so Michael Theunissen, der in diesem Ineinander »eines der tiefsten Geheimnisse humaner Existenz« sieht.[1]

Man kann die positive Ausrichtung des menschlichen Zeiterlebens zusammenfassend unter der Frage behandeln, ob und inwiefern wir in der Zeit glücklich sein können.[2] Die Frage steht für Theunissen, an dem wir uns stellvertretend orientieren, unter der Prämisse des Ausgangs von der Gegenperspektive, die er dahingehend fasst, dass Menschen im Grundzug ihres Menschseins an der Zeit leiden, sofern die Zeit über ihr Leben herrscht, ja, eine entfremdende Herrschaft über die Menschen aufrichtet.[3] Unter verschiedenen Aspekten bringt Theunissen Formen des Leidens unter der Zeit zur Sprache – von der enteilenden zur starren, zwanghaften, zerstückelten, leeren Zeit –, wie sie in psychopathologischen Phänomenen in der Psychiatrie beschrieben werden. Dabei geht die leitende Intuition dahin, dass die pathologischen Phänomene nur eine extreme Manifestation von Erlebensformen des ›normalen‹ Lebens sind, so dass wir im auffälligen klinischen Seelenleiden, dem die Fachliteratur etwa in Äußerungen der Melancholie und Schizophrenie nachgeht, »wie durch ein Vergrößerungsglas hindurch« Aufschluss über Bedingungen des Menschseins überhaupt gewinnen.[4] Steht dieses konstitutiv unter der Herrschaft der Zeit, so stellt sich die Frage, in welchen Verhaltensweisen der Mensch sich dieser Herrschaft entziehen, sich gegen sie zur Wehr setzen, mit ihr zurechtkommen kann. Es ist die Frage, wie der Mensch unter der Herrschaft der Zeit eigene Vollzugsformen ausbilden, im Reich der Zeit ein gelingendes Leben führen kann. Theunissen schlägt vor, drei Formen des gelingenden Lebens unter Bedingungen der Zeitlichkeit ins Auge zu fassen: »erstens eine Herrschaft über die Zeit, die wir der Herrschaft über uns abringen, zweitens Freiheit von der Zeit, drittens Versöhnung mit ihr oder Mimesis an sie.«[5]

Die erste Form ist gleichsam die direkte Gegenwendung gegen das, worunter wir leiden. Es ist der Versuch, gegen die Übermacht der Zeit eine Art Gegenkraft, eine eigene Souveränität über unser Leben zu erlangen. Es ist gewissermaßen die Normalform, wie wir im Verfolgen von Zwecken die uns enteilende, die stillstehende, die sich parzellierende Zeit überformen und im Handeln und Hervorbringen Stabilitäten, Kontinuitäten und gestaltete Zeiträume schaffen. Solche Gegenwehr und solches Bemühen um die eigene, durch uns geprägte Zeit gelingen mehr oder weniger, sie können fragil und transitorisch sein. Und doch bilden sie den Raum, in welchem wir nicht nur eine bestimmte Handlungsteleologie umsetzen und partikulare Ziele realisieren, sondern uns selbst verwirklichen und unser Leben führen. Es ist die mehr oder weniger unauffällige, im Alltag vertraute Auseinandersetzung mit der Zeit, die basal in unser Tun und Erleben eingeht, dessen Grundlage nicht nur in der transzendentalen Zeitkonstitution des Ich, sondern der lebensweltlich diversifizierten Zeitgestaltung des konkreten Subjekts liegt. Im Vorausgreifen und Vorangehen im Planen und Handeln, im Verbundenbleiben mit der Vergangenheit in Tradition und Erinnerung, im Uns-Einrichten in der Gegenwartswelt mit ihren nahen und fernen Beziehungen spinnen wir ein dichtes, vielfältiges Zeitnetz, das den Rahmen unseres Denkens und Seins bildet. Immer leben wir in einem solchen Netz, das zum Teil unseren Entwürfen und Befindlichkeiten entstammt, in das wir zum Teil als ein geschichtlich und sozial vorgegebenes, durch andere hervorgebrachtes und geprägtes hineinwachsen. Bei aller Vorgängigkeit der objektiven Zeit ist diese nie allein herrschend, sondern immer durch unsere Zeitwahrnehmung und eigene Zeitgestaltung mediatisiert. Ungeachtet dessen bleibt das Verhältnis beider eine diffizile Balance, die zwischen souveräner Selbstbehauptung und Ausgeliefertsein an eine fremde Macht schwanken kann.

Eine andere, zweite Form des Widerstands gegen die Herrschaft der Zeit zielt auf die Befreiung von ihr, auf das Sich-Herauslösen aus dem regelmäßigen, unerbittlichen Gang der Dinge. Es ist ein Streben nach Ablösung vom Zeitlauf, das sich der oben genannten Zeitlosigkeit annähert, doch diese nicht im Ideell-Abstrakten, sondern im Medium des Lebens sucht. Ihr Idealbild ist die erfüllte Gegenwart, wie sie in herausgehobenen Augenblicken in den Fluss der Zeit einbrechen kann, als Erlebnis des Glücks, in der erfüllenden persönlichen Begegnung, exemplarisch in der ästhetischen Anschauung, in welcher sich, so Theunissen, das »Nicht-Mitgehen mit der Zeit« als ein »Verweilen« zwischen dem Nachhängen im

Vergangenen und dem Getriebensein in die Zukunft und zugleich als ein »Aufgehen« in einer Sache vollzieht. Es ist ein Aufgehen und Sein beim Anderen, worin die Gegenwart, jenseits des punktuellen Jetzt, »weit« wird, ein Sich-Losreißen von der Dynamik des Zeitlichen, das in der Gegenwart zur Ruhe und zu einer inneren Sammlung kommt, in welcher das Subjekt in seinem Leben und seinem In-der-Welt-Sein sich selbst gegenwärtig wird.[6]

Gleichsam eine Vertiefung solcher Präsenz stellt die dritte Form des gelingenden Lebens in der Zeit dar. Sie will weder den Zeitlauf beherrschen noch sich aus ihm herauswinden, sondern in der Tiefe der zeitlichen Existenz die Zeit auf ihr Anderes hin übersteigen.[7] Theunissen sondiert Weisen solchen Überstiegs im Vergangenheits- und Zukunftsbezug des Lebens: auf der einen Seite in jener herausgehobenen Vergegenwärtigung des Gewesenen, wie sie Marcel Proust in der unwillkürlichen Erinnerung heraufruft, in deren Medium die »wiedergefundene Zeit« nicht bloß ein Früheres reproduziert, sondern ein lebendiges Gegenwärtig-Werden jenseits des Flusses des Vergehens ermöglicht; auf der anderen Seite in jener Zukünftigkeit, die nicht im subjektiven Ausgriff und Durchführen gründet, sondern vom Anderen her dem Subjekt entgegen- und auf es zukommt. Im Spiel ist eine Haltung des Offenseins, der Erwartung, der Hoffnung, in welcher der Mensch das Ereignishafte des Geschehens erfahren kann, das den Zwang des Immergleichen durchbricht und das Leben auf jene wirkliche Geschichte hin öffnet, die in ihrem Innersten ein Analogon jener »heilsgeschichtlichen« Dimension birgt, die für die glaubende Erwartung in der Nähe des kommenden Gottesreichs gründet.[8] Ähnlich haben Benjamin und Adorno eine emphatische Idee der Geschichte beschworen, in deren Zukunftsbild vom Glück ungeborener Generationen unveräußerlich eine Vorstellung der Erlösung mitschwingt.[9]

Im Ganzen umreißen solche Formen einen Kreis affirmativer, mit dem Leben zusammenspielender Zeiterfahrung, in welcher der Mensch im Umgang mit der Zeit sich selbst gegenwärtig wird und sich in seinem Sein verwirklicht. Diesen Formen stehen andere gegenüber, die mit der eingangs genannten Asymmetrie paktieren, welche in der Zeit die Fremdherrschaft und das Leiden hervortreten lässt.

3.2 Unter der Herrschaft der Zeit

Man mag darüber streiten, ob wir stärker unter der Zeit leiden oder mit der Zeit und dank der Zeit leben. Man kann sich fragen, ob die eine oder die andere Seite ursprünglicher unser Dasein kennzeichnet. Tatsache ist, dass wir nicht das eine ohne das andere kennen. Tatsache ist auch, dass wir im Negativen mit besonderer Prägnanz Aufschluss über die spezifische Struktur und über die Problematik der Zeitlichkeit des Daseins erhalten. So mögen wir uns vorläufig in einer methodisch-negativistischen Zugangsweise mit der Leidensseite des Zeitlichen befassen: Im Hohlspiegel des Scheiterns fragen wir nach den Bedingungen gelingender Existenz in der Zeit.

Das Misslingen hat so viele Gestalten, wie das Leiden an der Zeit vielfältig ist. Sein Angelpunkt kann die zerfallende oder sich entleerende, die zwanghaft rotierende und unerbittlich vergehende Zeit ebenso sein wie die uns fremd werdende und über uns herrschende Zeit.

Ein erster Kern ist das Misslingen der subjektiven Leistung, die der Konstitution und Aneignung der Zeit durch den Menschen zugrunde liegt. Die Kraft, aus welcher wir diese Aneignung im tätigen Handeln, im Entwerfen wie im Erinnern und kreativen Erzählen vollziehen, ist uns nicht wie eine Natureigenschaft gegeben. Sie kann sich abschwächen, sie kann zerbrechlich werden, uns abhanden kommen. Die Ohnmacht zeigt sich in der Unfähigkeit zur temporalen Synthesis ebenso wie zur sinnhaften Profilgebung. Es ist das Versagen einer Kraft, die zum Normalvollzug unseres Lebens im aktiven Tun wie in der reflexiven Vergegenwärtigung gehört. Wenn personales Selbstsein sich je auch im Medium der Verständigung über sich vollzieht, so bedeutet der Mangel der temporalen Gestaltung eine Defizienz im Dasein selbst. Die Zeit seines Lebens nicht zusammenhalten, ihr keine Form und Richtung geben zu können, markiert eine abgründige Weise des Ausgeliefertseins und des Leidens. Es kann sein, dass die Zeiten auseinandertreten und sich nicht mehr in der »sinnverbürgenden Ursynthese« eines Subjekts zusammenführen, in den Lauf einer kohärenten »Sinngeschichte« integrieren lassen.[10] Es kann sein, dass wir im Verkehr mit anderen mit einer »zersplitterten Zeit« konfrontiert sind, deren Rhythmen und Folgen wir nicht mehr zu bedeutungsvollen

Sequenzen verknüpfen können.[11] Der Zerfall der temporalen Ordnung ist eine grundlegende Störung im Erleben, welche die subjektive Orientierung und das Lebensgefühl unmittelbar affiziert.

Nach einer anderen Hinsicht kann sich die entleerende Diffusion der Zeit nicht von Seiten der subjektiven Ohnmacht, sondern der entweichenden Dynamik der Zeit selbst äußern. Ihr erlebensmäßiges Pendant ist die Langeweile, die nicht umsonst als einer der negativen Grundaffekte seit je einen zentralen Stellenwert in der menschlichen Daseinsreflexion besessen hat. In ihm verflechten sich der negativistische Zugang zur Existenz mit dem zur Zeit selbst: »Erst aus der tiefen Langeweile«, meint Peter Sloterdijk, »enthüllt sich ex negativo das Wesen der Zeit«.[12] Dass die Langeweile eine ursprüngliche Form des Leidens unter der Zeit – unter der Schwere, dem Nichtvergehen, der Leere, der Abwesenheit der Zeit – verkörpert, ist im Alltag wie in pathologischen Erfahrungen gleichermaßen vertraut.

In einer wiederum anderen Weise kann sich die Fremdherrschaft in der zwanghaft rotierenden Zeit manifestieren, im Kreislauf des Immergleichen, der der Verhaftung im naturalen Dasein, aber auch der schuldhaften Verstrickung, der traumatischen Widerfahrnis, der psychischen Nicht-Verarbeitung entstammen kann. Horkheimer und Adorno haben die von Nietzsche ins Positive gekehrte Figur der ewigen Wiederkehr des Gleichen in ihrer mythischen Tiefenstruktur als schicksalhaften Zwang dechiffriert, der zugleich das Strukturgesetz der kapitalistischen Gesellschaft zeichnet. Die unentrinnbare Kumulierung und äußere Beschleunigung, die sich mit der Stagnation und Nichtbewegung im Wesen überlagert, wird zur Signatur einer Zeit, die der Gerichtetheit des Lebens fremd, als unterdrückende Macht und lähmend-zerstreuende Dynamik gegenübersteht. Nicht das Versagen der sinnhaften Synthesis, sondern das Sichentziehen der lebendigen Bewegtheit in der Immergleichheit, das Unterbinden der Kreativität und Neuerung markieren das Negative im mechanisch-einförmigen Progress. Zeitlogisch ist die Aushöhlung der Freiheit in der zwanghaften Wiederholung durch die Vorherrschaft des Vergangenen über die Zukunft bestimmt. Sigmund Freud hat sie in der fehlgeleiteten Erinnerung ausgemacht, die sich als unfreie Reproduktion realisiert, welche Vergangenes weder aufhellend durchzuarbeiten noch von ihm zu befreien vermag.[13] Zwangshandlungen sind intim mit der Verhärtung des Zeitflusses, der Aushöhlung des Vorangehens verwoben und verkörpern eine Monotonie, welche die Entfaltung des Lebens untergräbt. Schematisch gelten die zyklische und die lineare Zeit als alternative Modelle, die in verschiedenen Kulturen und Epochen, etwa im mythisch-tragischen Weltbild im Gegensatz zum aufgeklärt-modernen Denken, das kollektive Leben strukturieren. Doch stehen sie nicht einfach nebeneinander als alternative Möglichkeiten temporaler Verknüpfung. Sie stehen in einem dynamischen Antagonismus, in welchem die egalisierende Wiederkehr die Änderung und freie Weiterentwicklung einengt und niederhält. Soll sich in der Geschichte Neues ereignen und ein Fortgang stattfinden, so muss sich dieser im Widerstand gegen den repetitiven Zwang durchsetzen und die Macht des Bestehenden auf die Offenheit des Kommenden hin aufbrechen.

Nicht weniger fremd und unassimilierbar bleibt dem Subjekt schließlich eine Zeit, die sich nicht erstarrend verfestigt, sondern im Gegenteil haltlos verflüssigt und darin jeder formierenden Aneignung entzieht. Es ist gewissermaßen das kulturgeschichtliche und anthropologische Kernmotiv der Flüchtigkeit der Zeit, das in den Klagen über die Sterblichkeit des Menschen und die Hinfälligkeit aller Verhältnisse ihren Widerhall findet. Dass wir dem haltlosen Wandel ausgesetzt sind, dass wir nichts Dauerndes zu schaffen vermögen und dass alles, woran uns liegt und was wir zu bewahren suchen, vorübergeht und ins Nichts versinkt, ist ein Urmakel der conditio humana und eine Urform des Leidens unter der Herrschaft der Zeit. Nicht nur unsere Welt und unsere Werke, sondern wir selbst sind im Innersten unseres Seins vom Zunichtewerden bedroht, vom Tod gezeichnet. Die Konfrontation mit dem Ende, die im Memento mori und in Gedenkritualen vielgestaltig gegenwärtig wird, birgt eine Erschütterung, in der wir unser Eingelassensein in die Zeit in abgründigster Weise erfahren. Sie markiert einen negativen Fluchtpunkt der existentiellen Zeiterfahrung. Um ihrer Herr zu werden und die Zeitlichkeit in einem affirmativen Modus des Selbstseins anzuverwandeln, bedarf es der sinnmäßigen und lebensweltlichen Integration der Vergängnis in eine Lebensform, welche die Bewegtheit als Moment des Identisch- und Ganzwerdens in sich aufzunehmen vermag.[14]

In Gestalten der zerfallenden, der rotierenden, der sich entleerenden und der entfliehenden Zeit erfahren wir die temporale Verfassung des Daseins als Bedrohung und als Leiden. Sie stehen für Erfahrungen, in denen wir der Herrschaft der Zeit ausgesetzt sind, nicht einfach als seinsmäßiger Matrix unseres Daseins, sondern als einer Fremdherrschaft, unter welcher wir nicht wir selbst sein, unser eigenbestimmtes Leben führen und uns verwirklichen können. Zwischen ihr und den vielfältigen Formen der versöhnenden Aneignung und lebendigen Gestaltung der Zeit herrscht eine tiefgreifende Spannung, mit der umzugehen zu den Herausforderungen an ein gelingendes Leben gehört. Das Zeitlichsein des Menschen spielt im Spannungsbogen, teils im Wechselverhältnis zwischen Eigenzeit und Fremdzeit. Fremd ist die Zeit als fremdgewordene, abhanden gekommene, entfremdete Eigenzeit, aber auch als uns vorausgehende, uns entgegenkommende, über uns hinausgehende Zeit des Fremden und Anderen. Die unsere Fragestellung bestimmende Zeit des Anderen geht in ein vielfältiges Verhältnis zur Zeit des Selbst ein. Die Auseinandersetzung mit der Fremdheit der Zeit ist im Horizont der Zeit des Anderen zu spezifizieren und in ihrer Dynamik zu entwickeln, die keine bloß negative ist. In ihr kristallisiert sich nicht nur eine Fremdherrschaft der Zeit; in der Zeit des Anderen werden auch eigene Ressourcen und Potentiale des Selbstseins erschlossen und zum Tragen gebracht. Es gilt gerade die Dialektik zwischen affirmativer und negativer Valenz des Verhältnisses zur Zeit des Anderen neu zu vermessen und in dieser Dialektik ein vertieftes Verständnis der Zeitlichkeit des Menschseins zu gewinnen.

Bevor wir dazu übergehen, bleibt die Phänomenologie der existentiellen Zeit nach einer Hinsicht zu ergänzen, die nicht zuletzt im Verhältnis zur Zeit des Anderen von Belang ist. Es ist die Ausfaltung der dimensionalen Zeit, ihre Ausgestaltung nach den Dimensionen der Vergangenheit, der Gegenwart und der Zukunft, die unserem Erleben und Verstehen sein spezifisch temporales Gepräge gibt. Ein Aperçu dieser in den Zeitanalysen zentralen Thematik soll den Hintergrund für die Erkundung der Zeit des Anderen ausbreiten.

4. Dimensionen der Zeit zwischen Gewesenheit und Zukunft

Die Zeit erstreckt sich aus der Gegenwart in die Vergangenheit und Zukunft hinein, und ihre Ausdehnung, so lautet die These Augustinus', hat keinen anderen Ort als die Ausgespanntheit *(distentio)* der Seele. In dieser sind die drei Zeiten anwesend, in ihr finden sich die Gegenwart von Vergangenem, die Erinnerung, die Gegenwart von Gegenwärtigem, die Anschauung, und die Gegenwart von Zukünftigem, die Erwartung.[1] Für die rätselhafte Seinsart des Noch-nicht-Seienden und Nicht-mehr-Seienden heißt das: Was war und was sein wird, ist in uns selbst, als Zustand unserer selbst und zeitliche Modalität der Seele. Die Seele ist nicht nur von zeitlicher Natur, indem sie an der Qualität ›der‹ Zeit teilhat und in das Gefäß der weltlichen Zeit, des Umlaufs der Gestirne und des Wandels der Dinge eingelassen ist, sondern indem sie selbst ein originärer Ort und Konstitutionsgrund der Zeitlichkeit ist. Diese Fundamentalität des Zeitlichen im Menschen ist wesenhaft mit der Erstreckung der Zeit nach ihren drei Dimensionen des Vergangenen, Gegenwärtigen und Künftigen verwoben.

Die dimensionale Zeit ist nicht nur ein Typus der Zeit, sondern eine originäre Seinsform des Selbst. Sie unterscheidet sich von der Prozessontologie eines gegenständlichen Geschehens, das nach der Ordnung von früher, gleichzeitig und später in Absehung vom Referenzpunkt eines subjektiven Erlebens beschreibbar ist. Was in einem objektiven Verlauf, einem physikalischen Wirkzusammenhang vorbei ist oder erst später kommt, steht mit dem gegenwärtigen Zustand möglicherweise in einer gesetzmäßigen, berechenbaren Korrelation, ist aber nicht *für* diesen Zustand und *für* das aktuelle Geschehen und sein Subjekt ein Vergangenes oder Künftiges. Sein Früher- oder Später-Sein ist aus der Außenperspektive als solches definiert. Ganz anders steht es um das erlebende und handelnde Subjekt in seinem bewussten Bezug und Sichverhalten *zu* dem, was gewesen ist oder erst kommt, was seine Vergangenheit und seine Zukunft ausmacht. Es greift auf diese zurück oder voraus, im Erinnern und im Erwarten, und es ist an ihm selbst nicht einfach im Hier und Jetzt lokalisiert, sein Sein und sein Weltbezug gehen nicht in der Gegenwärtigkeit auf. Der Mensch ist über das Jetzt hinaus, er ist auch anderswo, er ist bewusstseins- und handlungsmäßig, emotional und intentional ebenso in einer anderen Zeit, an einem anderen Ort. Zu seinem Sein und Verhalten gehört der Grundzug der Transzendenz, das Außer-sich-Sein und Hinaussein, das Heidegger unter dem Begriff der »Ekstase« umschreibt, die ihren Kern im zeitlichen Sein des Subjekts hat: Zeitlichkeit, heißt es in *Sein und Zeit,* ist »das *ekstatikon* schlechthin«, »das ursprüngliche ›Außer-sich‹ an und für sich selbst«.[2] Dieser Grundzug gehört zum Kern der dimensionalen Zeit, in deren Medium der Mensch sein Zeitlich-Sein in ursprünglicher Weise erfährt. Sein ›ekstatischer‹ Bezug zum Nicht-Gegenwärtigen, seine Zurückwendung zum Gewesenen und sein Gerichtetsein auf das Kommende erweisen sich darin nicht als kontingente Zusatzdimensionen zum aktuellen, ›wirklichen‹ Sein, sondern als dessen eigene, konstitutive Momente. In der Zeit sein heißt nicht nur im Jetzt sein.

Es ist kein Zufall, dass existenzphilosophische Beschreibungen des Menschseins zentral mit der zeitlichen Dimensionalität befasst sind. Die theoretischen und praktischen Formen des menschlichen Selbst- und Weltverhältnisses sind fundamental mit Prägungen des Zeiterlebens und des Sichverhaltens zur Zeit verbunden. Das bedeutet umgekehrt, dass die Erforschung der Zeitdimensionen nicht rein zeittheoretische Analysen sind, sondern von vornherein mit idealtypischen subjektiven, praktischen und affektiven Haltungen – wie entwerfen, bedauern, hoffen, befürchten – verschränkt sind. Sie werden in der Erfahrung der Eigenzeit wie in der Begegnung mit der Zeit des Anderen näher zu entfalten sein. Dabei wird die jeweilige Spezifik und das gegenseitige Verhältnis der Zeitdimensionen selbst zum Thema. Wir sind gewohnt, diese in einer Dreiheit wahrzunehmen, wobei aber die innere Beziehung, die strukturelle Differenz und Einheit zwischen Zukunft, Gewesenheit und Gegenwärtigkeit selbst als Problem formuliert, als Rätsel befragt werden kann. Paul Ricœur führt das Ineinander von Differenz und Ganzheit der Zeiten, das er bei Augustinus wie Heidegger als opak wahrnimmt, auf die innere Doppelbewegung der Zeitigung zurück, die sich zugleich als Zerstreuung und Vereinigung vollzieht.[3] Unabhängig von der wesenhaften Zusammengehörigkeit und wechselseitigen Verweisung der drei Zeitdimensionen ist die generelle Frage von Belang, welches Gewicht, welche existentielle Bedeutung den einzelnen Zeitekstasen zukommt, ob eine von ihnen einen bestimmten Vorrang für das Ganze des Menschseins besitzt. Offenkundig ist es so, dass je nach Betrachtungsperspektive die eine oder die andere Zeitdimension in den Vordergrund rückt und mit besonderer Prägnanz den Grund des Menschseins erschließen, seine Potentiale und Probleme entfalten lässt. Ebenso kann es sein, dass die Gewichtung der Zeitdimensionen in einem signifikanten, aufzuhellenden Verhältnis zur Differenz zwischen subjektbezogener und alteritätsbezogener Zeitanalyse steht. Im Horizont der Leitfrage der vorliegenden Untersuchung bleibt zu verdeutlichen, inwiefern sich gerade die Begegnung mit der Zeit des Anderen für die Erkundung der dimensionalen Zeit als relevant erweist.

5. Gegenwart als Identität und Fülle

Was die erste Instanz der dimensionalen Zeit, die Gegenwart, angeht, so scheint ihre Stellung in ontologischer wie anthropologischer Sicht schlechthin zentral. Sie ist dies primär im Blick auf die Eigenzeit des Subjekts, sekundär mit Bezug auf die Zeit des Anderen. Gegenwärtigkeit und Selbstpräsenz erscheinen als paradigmatische Figuren des Selbstseins. Wenn die Zeit nicht fließt, wenn sie sich in der reinen Gegenwart sammelt, kehrt das Subjekt in sich ein, begegnet es sich ohne innere Turbulenz und Ablenkung durch Anderes. So zumal präsentiert sich ein Idealbild des Gegenwärtig-Seins – verwandt der metaphysischen Antithese zur Zeit als Medium des Wandels und des Selbstverlusts. Emphatische Beschreibungen des erfüllten, integralen Seins sind eng mit der Idee der Gegenwärtigkeit assoziiert, mit Konnotationen der Identität und der Unwandelbarkeit. Die klassische Definition der Ewigkeit als stehendes Jetzt, *nunc stans,* operiert mit der Extension des Augenblicks und seiner Herauslösung aus dem Fluss des Vorübergehens und Vergehens. Die unbegrenzte Dauer ist Kehrseite des intensiven, vollen Seins im Jetzt. Dabei geht es um mehr als um die Überwindung der temporalen Flüchtigkeit. Ebenso nachdrücklich ist die Vorstellung des Erfülltseins und Beisichseins, des Aufgehens im Jetzt als Deckung von Intention und Realisierung, von Begehren und Erlangen. In eindringlichen Bildern werden Zustände solcher Präsenz als Reminiszenzen erlebter Fülle, als Orte der Sehnsucht, auch als Verkörperungen des Glücks beschrieben. Wer glücklich ist, will mit niemandem tauschen, nirgendwohin gehen, nirgendwo anders sein, er bleibt in sich, ist nicht über sein aktuales Sein und Erleben hinausgetrieben. Sein Jetzt-Sein geht nicht in einer bestimmten temporalen Lokalisierung auf. Es hat seinen Fokus nicht im Gerade-Jetzt, sondern in einer Gegenwart, die über den Moment hinausweist, die gewissermaßen jenseits der Sukzession, immun gegen das Anderswerden ist.

Formen solcher Präsenz sind erlebensmäßig vertraut und werden literarisch in vielfältiger Weise vergegenwärtigt. Sie finden sich etwa in Bildern des Glücks im reinen Gegenwärtig-Sein, im Hingegebensein an Stimmungen, die gleichsam aus der Zeit heraustreten, im Verweilen in der Anschauung von Schönheit, im Einssein mit der Natur und erfüllten Zusammensein mit Anderen. Friedrich Nietzsche evoziert eine Stimmung heiterer Gegenwärtigkeit am See von Sils Maria, herausgelöst aus der Bewegtheit der Zeiten: »wartend, – doch auf Nichts … bald des Lichts genießend, bald des Schattens, ganz nur Spiel, ganz See, ganz Mittag, ganz Zeit ohne Ziel«.[1] Paul Valéry beschreibt ein verwandtes Erleben ohne Ziel und Vergehen, ohne den Rhythmus und das Gewicht der Zeit: »Da sind Bäume, Blumen, ein Hund, Ziegen, die Sonne, der Bauer, und ich, und in der Ferne das Meer; und alle zusammen stimmen wir darin überein, dass es keine Vergangenheit mehr gibt.«[2] Die Zeit dehnt sich in der Entspanntheit der Gegenwart, ohne Vorangetriebenwerden und ohne Verwickeltsein in akute Handlungs- und Geschehensstränge. Sie überstrahlt Erlebniswelten der Ferien, die aus dem täglichen Gang der Dinge herausgenommen sind. Thomas Mann schildert den Anfang der endlos scheinenden, hellen Sommerzeit in der Wahrnehmung des Kindes, das sich die Rückkehr in die Zeit danach, in die prosaische Welt des Schulalltags nicht vorstellen kann oder mag: »Sommerferien an der See! Begriff wohl irgend jemand weit und breit, was für ein Glück das bedeutete? Nach dem schwerflüssigen und sorgenvollen Einerlei unzähliger Schultage vier Wochen lang eine friedliche und kummerlose Abgeschiedenheit, erfüllt von Tanggeruch und dem Rauschen der sanften Brandung … Vier Wochen, eine Zeit, die an ihrem Beginne nicht zu übersehen und ermessen war, an deren Ende zu glauben unmöglich und von deren Ende zu sprechen eine lästerliche Roheit war.«[3]

Zeitlos ist die innere Ruhe des Entspanntseins, der Meditation, des Loslassens und reinen Da-Seins. Es meint kein geschlossenes In-sich-Sein, sondern kann ebenso ein intensives Sein mit den Dingen und bei Anderen, ein Aufgehen in Anderem sein, wie es im Genießen und Hören und Schauen geschieht. Gegenwärtigkeit ist darin von der Selbst-Gegenwart, aber auch dem Gegenwärtigsein bei Anderem und von Anderem nicht ablösbar. Auch zeitlich kann ich gerade in meinem Hinaussein in die Zukunft, meinem Zurücksein im Vergangenen ganz bei mir, gegenwärtig sein, wie es Marcel Proust anschaulich in Erfahrungen der *mémoire involontaire* schildert, wenn vergangene Erlebnisse ganz gegenwärtig werden, wenn sie als jetzt erlebte Sinneseindrücke, Geruchs- und Geschmacksempfindungen in mir sind und sich im überwältigenden Wiedererkennen, in der plötzlichen Aufhebung des Vergehens mit einem eigentümlichen Glücksgefühl, einem Erleben des Erfülltseins, Vollständigseins verbinden. In alledem ist die erlebte Gegenwart der metaphysischen Zeitlosigkeit verwandt, als Freiheit von Prozess und Wandel, und doch das Andere zur Zeitfremdheit des abstrakt Zeitlosen, eher wie eine Verwandlung des Zeitlichen in einer intrinsischen und höheren, nicht ins Äußere sich verlierenden und ins Vielfältige zerstreuenden Bewegtheit. Gegenwart im emphatischen Sinn ist ›lebendige Gegenwart‹.[4]

Die Gegenwart ist Ort und Medium des Selbstseins. Sie ist Grundlage der Identität des Subjekts im zweifachen Sinn, seines Identischseins jenseits von Wandel und Vergängnis und seiner Selbstidentität jenseits der Entfremdung und Bezogenheit auf Andere. In erfüllter Gegenwart kommt der Mensch zu sich, er wird ganz und mit sich eins. Doch ist er dabei gleichermaßen ganz bei der Sache, ganz in der Welt, bei Anderen. Gegenwärtigkeit im vollen Sinne umgreift die Selbstpräsenz und die Gegenwart beim Anderen und Präsenz des Anderen. Als in diesem Sinne erfüllte Präsenz ist die Gegenwart eine Chiffre des vollendeten, in nichts mangelhaften Seins.

Indessen steht die Gegenwart als Zeitdimension nicht allein für das vollendete Sein. Desgleichen kann sie im Zeichen der Negativität auftreten, als Instanz entfremdender Zeit unser Leben beherrschen. Der Mensch kann in die Gegenwart eingeschlossen, vom Werden abgelöst, zur Immobilität verurteilt, er kann im Gefängnis des Jetzt isoliert, von lebendiger Erinnerung und Zukunftshoffnung abgetrennt sein. Anstelle erfüllter Gegenwärtigkeit kann sich Leere im Leben ausbreiten, anstelle entspannter Ruhe kann Starre über das Leben herrschen. Statt der Nähe zur zeittranszendierenden Ewigkeit kann der Sog der Vernichtung dominant werden, kann sich das gelassene Gegenwärtig-Sein in die verzehrende Langeweile verkehren. Neben der Fülle gibt es die Gegenwart als hohle, entleerte Zeit, in welcher nichts geschieht, als eine Zeit, die nicht von Absichten und Erinnerungen durchdrungen, durch Entwürfe und Deutungen geformt wird. Es ist die sinnlose Zeit, die nicht als Gerüst des Lebens und des gerichteten In-der-Welt-Seins dient. In alledem wird deutlich, dass es nicht einfach der Ort der Gegenwart zwischen Gewesenheit und Zukunft, sondern ihre spezifische Qualität ist, die ihre lebensweltliche Charakteristik ausmacht und ihren privilegierten Rang im temporalen Sein und Selbstverhältnis begründet. Als solche hat Gegenwärtigkeit, wie die anderen Ekstasen, an der Ambivalenz der Zeit als solcher teil, unter welcher wir leiden und in der wir glücklich sein können. Um die Funktion der Gegenwart im menschlichen Dasein zu sondieren, ist es aufschlussreich, ihre schillernde Valenz zur existentiellen Stellung der anderen Dimensionen, des Vergangenen und der Zukunft, in ein Verhältnis zu setzen.

6. Vergangenheit zwischen Gedächtnis und Vergängnis

6.1 Das Interesse der Erinnerung

Eine zentrale Bedeutung im individuellen und sozialen Leben kommt der Vergangenheit zu. Sie wird in biographischen wie in kultur- und geschichtstheoretischen Zusammenhängen vielfältig vergegenwärtigt; von ihr her wird ein Wesenselement menschlicher Existenz erschlossen. Menschliches Leben vollzieht sich im Horizont einer Geschichte, es kommt aus einer bestimmten Herkunft und öffnet sich auf eine mehr oder weniger offene Zukunft, und es gehört zum Kern existentieller Selbstverständigung, sich über beides Rechenschaft abzulegen und sich aus seinem Woher und seinem Wohin zu verstehen. Dabei kommt dem Rückblick und der Kultur des Gedächtnisses in gewisser Hinsicht ein Vorrang zu, auch wenn je nach Umständen und Interesse die Zukunftsausrichtung dominieren kann. Die Herkunft ist der zunächst unumgängliche, unhintergehbare Boden unseres Seins, der einen Hintergrund für unser Handeln und einen ersten Horizont für unser Bild von uns und unsere Weltwahrnehmung bildet. Wir verstehen uns von unserem Ursprung her, von unserer Familie, dem Herkunftsort, den sozialen und regionalen Zugehörigkeiten her, in denen wir aufgewachsen sind und innerhalb deren wir uns entwickelt haben. Sie bilden einen Hintergrund, den wir als eine Schicht unseres Seins aneignen, aber auch modifizierend neu prägen, gegebenenfalls von uns fernhalten oder abstoßen können.

Für Einzelne wie für Gemeinschaften besteht ein naheliegendes, in unterschiedlichen Formen artikuliertes Bedürfnis darin, seine Vergangenheit zu vergegenwärtigen und sich selbst in ihrem Spiegel zu finden. Die Kultur der Autobiographien, der historischen Erinnerungsorte und kollektiven Gedenkanlässe enthält Zeugnisse eines tief verwurzelten Interesses an Geschichte. Es ist ein Interesse, das anthropologische wie soziale und politische Quellen hat und geradezu als Notwendigkeit oder Pflicht erfahren werden kann, als seelische Not ebenso wie als moralische Aufgabe oder geschichtlich-politischer Auftrag. In der öffentlichen Diskussion der vergangenen Jahrzehnte wie in den kultur- und geschichtswissenschaftlichen Debatten sind die zentrale Bedeutung und die Herausforderung der Erinnerungskultur vielfach reflektiert worden. Nicht zuletzt in Auseinandersetzung mit den zivilisatorischen Brüchen und Umwälzungen des 20. Jahrhunderts, mit den Erschütterungen durch Terror und Totalitarismus, mit den Folgen des Imperialismus, der Kolonialgeschichte, der Globalisierung ist das Bedürfnis nach einer kritischen Aufarbeitung der Geschichte unabweisbar geworden. Die Auseinandersetzung mit dem Vergangenen schreibt sich in ein umfassendes Bedürfnis, das Interesse an der Erinnerung, ein.

Erinnerung ist die paradigmatische Form, in welcher sich die Gegenwart mit dem Vergangenen verbindet – in welcher Gewesenes in das Jetzt eingeht, das Heute an Früherem teilhat, wir im Vergangenen sind. Grundlage ist das Band der Kontinuität, das die Zeiten miteinander verknüpft und ihr Auseinanderfallen verhindert. Sie ist der Rückhalt der Identität im historischen Werden, die mehr als das Durchhalten der Selbigkeit, des identischen Substrats im Wandel, meint, sondern auf die Gestaltung und Ganzheit des zeitlichen Verlaufs ausgreift.[1] Dass wir im Lauf der Zeit unser Selbst ausbilden, zu uns kommen und uns wiederfinden, ist der Kern der historischen Identität, die sich im Gefäß der Erinnerung, idealtypisch der narrativen Vergegenwärtigung konstituiert. Das Interesse daran, im Vergehen der Zeit sich nicht abhanden zu kommen, sondern sich zu bewahren und mit sich eins zu werden, ist eine Triebfeder der rückschauenden Erinnerung. Das Verlangen des Selbstseins ist ein innerstes Motiv der Reminiszenz.

Nun wird dieses Interesse nicht einfachhin *intentione recta* verwirklicht. Die Vergegenwärtigung des Vergangenen versteht sich nicht von selbst. Sie begegnet zahlreichen Schwierigkeiten, die teils der Schwäche des Gedächtnisses und der zeitlichen Ferne der Geschehnisse, welche sukzessiv zurückweichen und verblassen, teils der Widerständigkeit des Materials, der Undurchdringlichkeit und Verdecktheit des Vergangenen geschuldet sind. Vergangenes bleibt dem Gedächtnis entzogen, weil ihm ein Widerstand gegen das Erhelltwerden und Zur-Sprache-Kommen innewohnt. Es ist ein Widerstand, der in typischen Fällen der Negativität des zu Erinnernden entstammt, von der Verdrängung schamvoller oder schmerzlicher Erfahrungen bis zum Sprachversagen der Opfer extremen Leidens und Unrechts. Die Nichtrepräsentierbarkeit des radikal Bösen ist, gleichsam als invertiertes Bilderverbot, geradezu als Einspruch gegen die bildlich-sprachliche Verflüssigung des totalen Schreckens – die Darstellung des Holocaust in Hollywood-Filmen – formuliert worden.[2] Vergegenwärtigung ist in solchen Konstellationen von der kritischen Auseinandersetzung nicht ablösbar. Historie ist, fern der kumulierenden Summierung des Gewesenen, mit einer normativen Sondierung und wertenden Stellungnahme verknüpft. Anstelle einer Genealogie der Sieger und festlichen Chronik der Macht, wie sie lange Zeit den Prototyp der Geschichtsschreibung abgegeben hatte, postuliert Walter Benjamin eine Historik der Leidenserinnerung.[3] Indessen ist das Junktim von Erinnerung und Kritik nicht auf jene Fälle äußerster Negativität beschränkt. In einem umfassenderen Sinne geht es darum, das in der Geschichte Unterdrückte, durch die Zeit Verschüttete, in der Historie Verlorengegangene zu seinem Recht und zur Sprache kommen zu lassen.

Es gilt, das Unerledigte, Unabgegoltene im Vergangenen zum Leben zu erwecken und zum Leitfaden einer nicht-reduzierten Erinnerung und sachhaltigen Historie zu machen. Unterschiedliche Themenbereiche sind in den vergangenen Jahrzehnten aus der traditionellen Marginalisierung befreit und in den Fokus historischer Arbeit gerückt worden. Dazu zählen die Geschichte des Alltags und der Arbeit, die Frauen- und Geschlechtergeschichte, die populären Kulturen und die Lebensformen der kleinen Leute – und vieles andere, das nicht im Glanz der Macht und der hohen Kultur gestanden hatte. Dass Geschichte immer wieder neu geschrieben werden muss, ist nicht nur ein methodischer Gemeinplatz der Historiographie, sondern vielfach ein Echo dessen, dass Historie gegen die Schwerkraft der Realgeschichte, gegen Verkürzungen und Vereinseitigungen im historischen Prozess, aber auch in den sedimentierten Geltungen und Werturteilen angehen muss. Wenn es keine Geschichte im spezifischen Sinn ohne Geschichtsbewusstsein gibt – wodurch sich die Humangeschichte begrifflich von der Erdgeschichte abhebt –, so liegt darin auch, dass historisches Bewusstsein kein bloßes Duplikat des Realen ist, sondern formierend in das eingeht, was eine Geschichte ausmacht. Dies gilt für die Geschichte des Individuums wie des Kollektivs. Was die Vergangenheit lebensweltlich für die Subjekte bedeutet, was die Geschichte eines Einzelnen, einer Familie, eines Volks ausmacht, ist nicht durch die *facta bruta* gegeben, sondern wird durch die Art und Weise bestimmt, wie Früheres aufgefasst, in bestimmter Gestalt angeeignet und sinnhaft gedeutet wird. Dies bedeutet auch, dass eine kritische Historie, welche die Rekonstruktion des Gewesenen mit der Kritik, gegebenenfalls Zersetzung oder Verwerfung verschränkt und das Unerledigte, Nicht-Verwirklichte im Vergangenen erweckt, nicht eine Gegeninstanz zur Erinnerung darstellt, sondern deren Ausweitung und Vertiefung realisiert.

Dass der Erinnerung ein ursprüngliches Bedürfnis im menschlichen Leben zukommt, heißt von der Gegenseite, dass die Vergangenheit konstitutiv zu unserem Sein, zu dem, was wir sind, gehört. Das tragende Motiv des Gedächtnisses erschöpft sich nicht in der Rückschau. Es umfasst das Verlangen nach Identität und Ganzheit, nach Bewahrung und Kontinuität, nach Tranzendierung des Vergehens. Zum überschwänglichen Telos der Lebenserinnerung, wie sie Marcel Proust oder Paul Ricœur umschreiben, zählt das Einswerden mit uns selbst in der Zeit und im Ganzen unseres Lebens, das originale Wieder-Erleben des einst Erlebten, das Glück der Wieder-Erkenntnis dessen, was wir waren, was uns widerfahren und was uns im Sein mit Anderen begegnet ist.[4] Im Ganzen solcher Ausgriffe zeichnet sich idealtypisch ein Bild dessen ab, was Vergangenheit, jenseits der partikularen Zeitekstase, als Wesensbestand unseres Seins ausmacht. Es bleibt zu verdeutlichen, in welcher Weise sie mit den anderen Zeitdimensionen des Daseins kommuniziert. An dieser Stelle ist zunächst die positive Bedeutung der Vergangenheitsorientierung festzuhalten, in die hinein sich das Gegenwärtig-Sein ausweitet, die unter Chiffren des Erhaltens, Sedimentierens, Anreicherns steht und in ihrem Zielpunkt das Vergangene als unverlierbaren Schatz bewahrt. Mit ihr kontrastieren gegenläufige Tendenzen der Vergängnis als Entschwinden und Verlorengehen, aber auch des Vergangenen als Last und Gefängnis.

6.2 Vergangenheit als Last und Verlust

Vergangen sein heißt nicht mehr sein. Vergangenheit steht im Zeichen dessen, was einst war und dann entschwunden, vorübergegangen, untergegangen ist. Vergehen ist das Los alles Zeitlichen. Alles was ist, endet, lautet das Gesetz der Kreatur. Es ist das Gesetz des Lebens, welches sich im Kreislauf von Geburt und Sterben reproduziert, aber auch des Unbelebt-Stofflichen, das der Korrosion und Zerstörung unterliegt. Für den Menschen, der im Raum der Zeit lebt und sich über sich und die Welt verständigt, ist das Vergangene eines, das von ihm weggerückt, ihm entzogen ist, dessen er verlustig gegangen ist. Ein ursprüngliches Verhältnis zum Vergangenen ist die Erfahrung des Verlusts, die Suche nach der verlorenen Zeit. Bewusstseinsmäßig kann das Vergehen sich zum Vergessen und Vergessensein steigern, kann dem Subjekt sein eigener Untergang im Vergessenwerden durch Andere radikalisiert sein. Zu den ersten Negativerfahrungen im Umgang mit der Zeit gehört das Leiden am Vergehen und Verlieren. Es ist ein Leiden, das unser Verhältnis zum Vergangenen prägen, das Gedächtnis ins Zeichen der Trauer versetzen kann. Dem ist so, weil das Entgleiten dem basalsten Lebenswillen zuwiderläuft, seinem tiefsten Verlangen, ja, dem fundamentalen Streben alles Seienden entgegensteht. Vergangenheit steht insofern im Zeichen des Nicht-mehr-Seins, nicht des Einst-Gewesenseins, als welches sie eine ganz andere Stellung im Leben einnimmt.[5] Der Umgang mit der Zeitlichkeit der Existenz steht zunächst im Zeichen der Auseinandersetzung mit der Endlichkeit und Hinfälligkeit, des Widerstandes gegen die Zerstörungskraft des Vergehens.

Nach einer gleichsam gegenläufigen Hinsicht zeigt sich die Lebenswidrigkeit des Vergangenen gerade in dessen Fortdauer. Nicht, dass Gewesenes nicht mehr ist, sondern dass es immer noch ist, dass es herrschend ist und den Platz des Kommenden usurpiert, ist hier der Stein des Anstoßes und Quell des Leidens. Die zwanghafte Wiederkehr des Gleichen hat sich als Ausdruck der Macht des Bestehenden geoffenbart, als Reflex der Herrschaft des Vergangenen. Dass Vergangenheit nicht wirklich vergangen ist, ja, dass Zeit überhaupt nicht vergeht, sondern fixierend, einengend, starr bleibt, ist Ursache eines eigenen Leidens an der Zeit; in gesteigerter Weise wird dieses angesichts der Fremdherrschaft des Vergangenen erfahren. Gewesenes in einer zukunftsgerichteten Haltung auf Neues hin öffnen und in der Lebensführung verflüssigen zu können, ist Bedingung einer nicht-entfremdeten Lebendigkeit im Spiel der Zeiten. In negativer Wahrnehmung kann Gewesenes zur lastenden Kette, zum einengenden Gefängnis werden, das die Kraft zum Ausbruch und zur Initiative lähmt. Wenn authentische Lebendigkeit in der Vernetzung und im Wechselspiel zwischen den Zeitdimensionen gründet, so bedeutet die exklusive Herrschaft der einen von ihnen eine Unterdrückung dieser Dynamik. Vergangenes muss sich zurückziehen, um den Raum freizugeben, Neues erlebbar und gestaltbar werden zu lassen. Vergangenheit, welche die Gegenwart überformt und fixiert, unterbindet die Zukunft und damit eine Wesensdimension des Lebendigen.

Verwandt mit der Verfestigung der Wiederholung sind Weisen des Vergangenheitsbezugs, die gleichsam in die innere Potentialität des Gewesenen eingreifen und dieses an ihm selbst seines Zeithorizonts, seines Zukunftspotentials berauben. Es ist der Bezug auf ein abgestorbenes, totes Vergangenes, in welchem kein Unfertiges eine neue Zeit heraufruft, kein Unerledigtes der Erweckung harrt. Es ist ein Vergangenes, das nicht mit seinem Zukunftsausgriff real werden konnte und das insofern, nach einer von mehreren Autoren variierten Formulierung, nie im vollen Sinne gegenwärtig war.[6] In ihm ist ein ungelebtes Leben verschüttet, ein Lebensanspruch unterdrückt. Jacques Derrida hat das Grauen solcher Unterdrückung im Bild des lebendig Begrabenwerdens veranschaulicht.[7] Solche Zurückdrängung dezimiert nicht nur das Potential des Gewesenen, sondern des Gegenwärtigen, das in sich beschnitten wird und dem Verstummen anheimfällt. Dass eine kritische Erinnerungskultur sich nicht damit begnügen kann, verdeutlicht Derrida, indem er die drastische Figur des lebendig Begrabenen im Horizont einer anderen beschreibt, der Figur der Krypta, die gleichzeitig für einen Ort der Bewahrung und des Kults steht, welcher den Verstorbenen in seinem einstigen Glanz gegenwärtig hält und eines Toten gedenkt, der der Wiedererweckung harrt. Das Verschüttete, Abgedrängte, Unverarbeitete aber ist kein bloß Nicht-mehr-Seiendes, Irreales, sondern eine Last und ein Störfaktor im Jetzt. Es provoziert den Widerstand gegen das Abgetötetsein eines Vergangenen, das nur vergangen ist und keine lebendige Gegenwart zu begründen vermag. Die Radikalisierung der Negativität des Vergangenen vom Nicht-Seienden zum Unerledigten und Nicht-lebendig-Gewesenen affiziert die Gegenwart selbst und bekräftigt im Negativen die Verschränkung der Zeiten. Ihre Bewältigung ist eine, die nicht im Binnenkreis des Vergangenheitsbezugs vollzogen werden kann, sondern an die Lebendigkeit des Jetzt appelliert und nur in eins mit diesem zu seinem Ende kommt. Es bleibt zu sehen, wieweit auch die Zukunftsdimension in diesen Nexus eingebunden ist und inwiefern womöglich erst in ihrem Horizont eine unverkürzte Zeitlichkeit des Daseins, die auch dessen Vergangen- und Gegenwärtigsein gerecht wird, zum Tragen kommt.

7. Zukunft zwischen Furcht und Hoffnung

7.1 Die kommende Zeit

Auch die Beziehung zur Zukunft kann sowohl in einer affirmativen, lebensbejahend-erfüllenden Form erlebt werden, wie sie eine negative, ängstigende, lebensfeindliche Gestalt annehmen kann. Wenn wir uns zunächst dem affirmativen Verhältnis zur Zukunft zuwenden, so lassen sich darin schematisch drei Grundformen auseinanderhalten: zum einen der Zukunftsbezug als Antizipation, als Vorauswissen und Vorhersage, zum anderen der (Selbst-)Entwurf als praktischer Ausgriff und Eröffnung von Möglichkeiten, drittens die Erwartung als Offensein für das auf uns Zukommende.

(a) Antizipation

Als nächstliegende Weise, sich bewusst zur Zukunft zu verhalten, erscheint das Nach-vorne-Gerichtetsein des Erkennens als Vorausschau. Sie ist in basaler Form in der Prognose gegeben, die sich auf alles in der Welt beziehen kann und im Normalfall die Konstanz der Verhältnisse und Verlaufsgesetze unterstellt. Wer die Regelmäßigkeiten in der Welt kennt, kann künftige Ereignisse vorhersagen. Als denkwürdige Leistung des ersten Vertreters der europäischen Philosophiegeschichte, Thales, wird bei Herodot die Vorhersage einer Sonnenfinsternis festgehalten.[1] Auch wenn die Tatsache selbst in der Folge bezweifelt wird, ist die Würdigung der prognostischen Leistung in Verbindung mit der Gründungsgeschichte der Philosophie bemerkenswert. Das Vorauswissen, wie es den Sehern im Mythos als höhere Gabe zugesprochen wird, ist eine eminente Gestalt des Wissens und behält seinen Rang bis in die wissenschaftliche Vorhersage und utopische Geschichtsvision hinein. In ihr bekundet sich die hohe Bedeutung des Wissens um die Zukunft für das Leben des Einzelnen wie der Gemeinschaft.

Unsere alltägliche Lebensführung wie der praktische Umgang mit der Natur sind von unserer Weltkenntnis und einem zumindest begrenzten Wissen um das Kommende abhängig. Auch wenn das noch nicht Daseiende unserer Erkenntnis im Prinzip verschlossen, wie hinter einem Vorhang verdeckt ist, erscheint doch das Vorauswissen, Vorausmeinen und Vorausgreifen wie ein unabdingbares Moment in unserer erkenntnismäßigen und handelnden Orientierung. Es ist die konkrete, lebensweltliche Ausgestaltung des Nach-vorne-Ausgespanntseins, der »Protention«, die Husserl als konstitutives Moment des bewussten Lebens aufgewiesen hat. Sie ist nicht nur als Element in solchen teils impliziten Modalitäten des Selbst- und Weltbezugs im Alltag gegeben, sondern wird in eigenständigen Formen ausgebildet und kulturell gestaltet. Dazu zählen sowohl die wissenschaftliche Prognostik, die gegebenenfalls geradezu zum Kriterium disziplinärer Erkenntnis avanciert, wie auch das subjektive Vermögen der Phantasie, das ein emphatisches Zukunftsverhältnis auch ohne abgesicherte Gewissheit begründen kann, aber ebenso die mit erhöhtem Anspruch auf Gewissheit und Glaubwürdigkeit auftretende Autorität der Propheten oder Seher. Auch solche zeittranszendierenden Wissensformen erweisen sich für das soziale Leben etwa in religiös-kulturellen Kontexten als fundamental. Wenn das menschliche Dasein von Vollzügen des Verstehens und der Selbstverständigung nicht ablösbar ist, so besitzen die Momente des Vorausgreifens, der Ahnung und der Vorausschau darin eine besondere, durch nichts ersetzbare Stellung. Leben geht nicht in der Präsenz des Anwesenden und Vergewisserung des Gegenwärtigen auf.

Eine andere Form des erkennenden Ausgriffs, neben der wissenschaftlichen Prognose und der prophetischen Verkündigung, bildet der utopische Entwurf. Er ist ein Vorgriff auf Kommendes, der zugleich von einer geschichtlichen Vision getragen ist und normalerweise mit ethischen, politischen, weltanschaulichen Wertungen verbunden ist. Er markiert die praktische Wendung der Zukunftsgerichtetheit und bildet eine Übergangsform zum zweiten Grundtypus des Zukunftsbezugs, zum praktischen Entwurf.

(b) Entwurf und Verantwortung

In idealtypischer Prägnanz ist dieser von Martin Heidegger beschrieben worden. Der strukturelle Primat der Zukunft in der menschlichen Existenz wird von ihm in mehreren Facetten zur Sprache gebracht: in der ›Sorge‹ als Grundstruktur des sich um sich und die Welt kümmernden, sich immer vorweg seienden Daseins, im Verhalten des Menschen zu seinem Ende und der darin realisierten Ganzheit des Lebens, in prinzipiellster und grundsätzlichster Weise aber im Sich-Entwerfen des Subjekts auf seine Zukunft und auf seine Möglichkeiten hin. Auf die von vielen kritisch beurteilte solipsistische Anlage des Seins zum Tode – einschließlich der damit verknüpften Eigentlichkeitskonzeption und ihrer Auswirkungen auf die Zeitlichkeit – wird zurückzukommen sein. Festzuhalten ist an dieser Stelle der Entwurfcharakter des Daseins. Das menschliche Leben unter dem Aspekt des Könnens, des Nachvorne-, Auf-Möglichkeiten-Gerichtetseins, des Sich-Verstehens von seinen Zielen her zu begreifen definiert einen Wesenszug der Existenz, der gleichzeitig ein Kriterium des eigentlichen Menschseins abgibt. Nicht von seiner natürlichen und sozialen Vorgegebenheit, sondern von seiner Selbstinterpretation und Selbstorientierung her gewinnt der Mensch das wahre Bild seiner selbst. Komplementär zur Faktizität und äußeren Bedingtheit, der ›Geworfenheit‹, bildet der ›Entwurf‹, in dem wir uns öffnen, Neues aufnehmen und selbsttätig schaffen, den Raum des authentischen Selbstseins. Es ist der Raum, in welchem der Mensch seine Freiheit und Handlungsmacht realisiert und sich selbst verwirklicht. Es ist die Dimension, die in spezifischer Weise die Seinssphäre des modernen Menschen bildet, der seine Autonomie behauptet und sein Schicksal in die eigenen Hände nimmt. In allen Bildern des souveränen, sein Leben planenden und die Gesellschaft rational einrichtenden Subjekts, welches die Natur beherrscht und die Geschichte lenkt, kommt der Zukunft ein privilegierter Rang zu. Es ist das Bild des initiativen, handelnden und wirkenden Subjekts, das im modernen Verständnis weithin als Idealtypus fungiert, doch ebenso in seinem Zwiespalt und seiner Fragwürdigkeit zum Thema wird. Das inthronisierte herrschaftliche Subjekt wird je nach Kontext und Denkströmung gefeiert oder problematisiert, in seiner Macht und Selbständigkeit gewürdigt oder in deren Begrenztheit und Brüchigkeit reflektiert. Unabhängig von dieser oszillierenden Wahrnehmung aber bleibt die fundamentale Zukunftsausrichtung als ein Wesensmerkmal des Menschen und konstitutiver Grundzug seines Lebens erhalten.

Er kommt in besonderer Weise dort zur Geltung, wo menschliches Verhalten nicht nur strukturell, sondern intentional zukunftsbezogen ist. In Frage steht ein Handeln, das sich motivational und ethisch auf die Zukunft einstellt, indem es bewusst das Kommende gestalten und Verantwortung für die Zukunft übernehmen will. Die Zukunftsgerichtetheit des Tuns kann zum moralischen Postulat werden, wo sich ein revolutionärer Wille der Herstellung künftiger Gerechtigkeit und Korrektur vergangenen Unrechts verpflichtet. Auch außerhalb solcher hervorgehobener Praxiszusammenhänge kann das Sichverorten und Stellungnehmen in der Geschichte vom Interesse am Zurechtrücken und Weiterführen getragen sein. An Marx anschließend, diskutiert Jacques Derrida einen Umgang mit der Tradition, der sich den Gespenstern und Überbleibseln der Vergangenheit stellt und unterdrückte Fragen, untergegangene Versprechen zum Leben erweckt.[2] Die Treue zur Erbschaft, die man nicht abschütteln kann, ist mit der Verantwortung für eine Zukunft verschränkt, deren man nicht mächtig ist, die man aber doch in Abstützung auf die von Walter Benjamin benannte »*schwache* messianische Kraft« zu übernehmen hat, die jedem Geschlecht »mitgegeben« ist und »an welche die Vergangenheit Anspruch hat«.[3] Derrida will dieses messianische Element im Appell an die Zukunft, die in jeder kulturellen Tradierung und Neuschöpfung liegt, ausmachen, als ein Ineinander von Verpflichtung und Versprechen, das seine Kraft losgelöst von einer positiven Heilsgewissheit – als universelle »Messianizität ohne Messianismus« – besitzt.[4] Die Verbindlichkeit für das Künftige gewinnt dort ein spezifisches Profil, wo sie die Verantwortung für die Zukunft geradezu zu einem neuen Postulat werden lässt, das seine Dringlichkeit nicht zuletzt angesichts planetarischer Bedrohungen und zivilisatorischer Krisen erweist. Nicht dass in der Zukunft bestimmte Ziele erreicht werden, dass Frieden unter den Völkern hergestellt, Gerechtigkeit verwirklicht werde, sondern dass es überhaupt eine Zukunft gebe, wird zum Anliegen. Es ist eine Verantwortung für die Menschheit und den Fortgang der Geschichte, die auf eine radikal neue, in der bisherigen Geschichte noch nicht gegebene Situation antwortet.[5] Der in der historischen Kultur spürbare Widerstand gegen das Vergessen und spurlose Untergehen des zeitlich Gewordenen kristallisiert sich zum Widerstand gegen die Möglichkeit, die Geschichte der Menschheit selbst auszulöschen.

In einer eigenen Konkretion tritt uns die Verantwortung für die Zukunft als eine für die kommenden Geschlechter entgegen. Man kann sie zunächst mit einem Interesse am Überleben verbinden, das nicht nur eine eigene Fortexistenz, sondern auch ein Weiterleben im Anderen meint, wie es sich im Hinterlassen von Spuren, im Schaffen eines Werks, das von uns zeugt, in hervorgehobener Weise in anderen Menschen, die ihr eigenes Leben führen, aktualisiert.[6] Solches Überleben und Weitergeben ist Ausdruck einer fundamentalen Lebensbejahung, welche sich für die Zukunft der Menschheit einsetzt und im Generationenverhältnis, im Transfer zu den Nachkommen, die ohne uns sein werden, in eindringlicher Weise artikuliert wird. Zur Zukunftsfähigkeit, zum inneren Reichtum des eigenen Seins gehört die Großzügigkeit, welche die Selbstbezogenheit transzendiert und Andere, nicht nur Nachkommen, als Träger und Erben des Lebens, auch des eigenen, wahrnimmt. Solches Nachleben und Weitergeben hat genuine ethische Implikationen, die in den moralischen Problemen des Generationenverhältnisses ausbuchstabiert werden. Im eigenen Handeln der Folgelasten für später auf der Erde Lebende bewusst zu werden, Verantwortung für kommende Geschlechter, für ihr Lebensrecht überhaupt und für gerechte Verhältnisse zwischen den Generationen zu übernehmen, ist die ethische Herausforderung eines zukunftsgerichteten Handelns. Sich dafür einsetzen, dass später Geborene ihre eigenen Wünsche, Hoffnungen und Lebensformen ausbilden und in eine offene Zukunft hineinschreiten können, sind Postulate einer Ethik, die im Horizont der Zeit des Anderen zu spezifizieren ist.

Indessen beschränkt sich die über das Selbst hinausgreifende Zukunftsausrichtung der Existenz nicht auf die Seite der Pflicht und der Verantwortung für Andere. Ebenso wesentlich, ja, in gewisser Weise grundlegender ist das Vertrauen und Sichverlassen auf die Anderen, auf das Getragensein durch Andere, das eigene Zukunft-Haben dank Anderen, das Weiterleben, Überleben in Anderen.

Schon die Selbstperpetuierung im Werk ist auf die Rezeption und Weiterführung durch Andere angewiesen. Pointierter ist das Weiterleben der Person selbst im Erinnertwerden durch Andere verankert – beziehungsweise durch das Verkannt- und Vergessenwerden durch Andere bedroht. Zum Lebensende, meint Ricœur, zieht sich das Individuum von seinem Schaffen zurück, welches es an andere weitergibt, in die »unsterbliche Zeit« des Werks und seiner Rezeption »durch andere Lebende, die ihre eigene Zeit haben«[7] – mit dem Fluchtpunkt eines Überlebens im Gedächtnis Gottes, in welchem alles, auch das Geringste, gesammelt ist.[8] In Frage steht, wieweit der emphatische Zukunftsbezug auf solche Abstützung angewiesen ist. Während Georg Picht den Gottesglauben als Voraussetzung dafür ansieht, »den Glauben an die verborgene Zukunft des Menschengeschlechtes« nicht zu verlieren[9], baut Jacques Derrida auf die Pflicht zur Treue gegenüber der Erbschaft, in die wir hineingeboren sind und die uns anvertraut ist, in der unhintergehbaren Verschränkung von Zusage und Inanspruchnahme, die unser menschliches Sein in der Zeit als solches begründet und auf das Kommende hin öffnet.

(c) Erwartung und Offenheit

Die dritte Grundform der Zuwendung zum Kommenden vertieft die Zukunftsausrichtung, in welcher sie gleichzeitig eine Umkehrung vornimmt. Sie verstärkt die Emphase auf die Zukunft, und sie nimmt diese nicht mehr als Zielpunkt eines Vorherwissens oder eines praktischen Entwurfs, sondern als ein den subjektiven Ausgriff Übersteigendes, dem Menschen Entgegenkommendes wahr. Es geht nicht um die Zukunft, der wir entgegengehen und auf die hin wir denken und handeln, sondern um die auf uns zukommende, uns von vorne begegnende Zeit. Es ist eine Zukunft jenseits unseres Wollens und Könnens, die in gewisser Weise eine radikalere, eigentlichere Zukunft als die des teleologischen Vorausseins ist. Zwar scheint auch eine Konzeption wie die Heidegger'sche vom Primat der Zukunft geleitet, der zufolge der Mensch sich von seinen Möglichkeiten und Projekten her versteht, in deren emphatischer Zukunftsbejahung das authentische Handeln die Bedingtheit überformt, in welcher sich die Macht des Bestehenden ausbreitet. Gleichwohl monieren kritische Stimmen die defizitäre Öffnung auf das Kommende, in radikalerer Lesart: die Vergangenheitsverhaftung einer Existenzphilosophie wie der Heidegger'schen. In dieser, so Franz Rosenzweig, bleibt das Dasein in sich eingeschlossen, in die Jemeinigkeit des Lebensvollzugs gebunden, nicht in das Sein des Ewigen und die Ordnung der Schöpfung eingelassen.[10] Für Emmanuel Levinas geht es darum, ein Jenseits sowohl der subjektiven Handlungsteleologie wie des solipsistischen Seins-zum-Tode zur Geltung zu bringen: »Wer darauf verzichtet, den Erfolg seines Werks zu erleben«, öffnet sich auf »eine Welt ohne Ich«, eine »Zeit jenseits des Horizonts meiner Zeit«. Über das Sein-zum-Tode weist ein Sein nach dem Tode hinaus, in dessen Fokus keine persönliche Unsterblichkeit, sondern ein »Übergang zur Zeit des Anderen« aufscheint.[11] Die Aufsprengung des Selbstbezug geht mit der Eröffnung eines neuen, fundamentaleren Zukunftsverhältnisses einher. Es gründet nicht in unserem Planen und Voraussein, sondern kommt vom Anderen her auf uns zu. Wenn Heidegger zwar die Herrschaft des Subjekts, mit der er die etablierte Metaphysik assoziiert, überwinden will, um sich eines tieferen, dem Subjekt vorausliegenden Ursprungs im Sein zu vergewissern, so bleibt auch diese Gegenwendung in den Augen der Kritik einer Regression zum Früheren verhaftet.

In deren Horizont ist die Verkettung der Zeiten eine, die sich aus dem bereits Seienden, aus der Macht und dem Potential des Gewesenen etabliert. In solcher Rückbindung des Kommenden sieht Michael Theunissen einen generellen Makel der phänomenologischen Zeitauffassung. Schon Husserls bevorzugte Ausleuchtung des retentionalen Zeitraums, in dessen Kontext die Protention zum Thema wird, und die damit verbundene Suspendierung einer originären Erwartungshaltung sind nach ihm Zeichen eines »Desinteresses an Zukunft«, das sich als Grundzug seiner Theorie erweist.[12] Auch Heideggers formale Aufwertung der Zukunft zur primären Ekstase der Existenz wird durch deren Rückführung auf eine Möglichkeit des Daseins ihres originären Potentials beraubt, wie denn auch im selbstbezüglichen ›Vorlaufen‹ zum Tode die Offenheit des Kommenden in Geschlossenheit umschlägt – im Gegensatz zu der von Kierkegaard konzipierten Existenz, die »nicht ursprünglich in die Zukunft« geht, sondern »primär von ihr her« kommt.[13] Es ist eine Inversion, die sich bei Kierkegaard in eine religiöse Heilsdimension einschreibt, im Ausblick auf eine Erlösung, in welcher die Ewigkeit in den Zusammenhang des Bestehenden einbricht und die Gegenwart vom Zwang der Wiederholung und der Gewalt des Vergangenen befreit. Zum Tragen kommt eine Zukunft, die nicht die meine, sondern die menschheitliche ist und als das ganz Andere die Zeit des Lebens erweitert.[14]

Radikal die Zukunft denken heißt die Andersheit ernst nehmen, die radikale, unvorhersehbare Andersheit denken.[15] Sie steht für einen Ausgriff, der sich über die jedem Diskurs innewohnende idealisierende Projektion des Ganzen und der Einigung hinaus auf dasjenige bezieht, was nicht durch uns antizipierbar ist, was uns überrascht, was von außen kommt – und doch in der Fluchtlinie unseres Sagens und Verstehens aufscheint. Die von Benjamin und Derrida bedachte reine Sprache als Konvergenzpunkt der Übersetzungen, die im kritischen Gedächtnis aufgerufene messianische Kraft sind Figurationen solcher transzendierender Ideen, die als Forderung und Versprechen gleichermaßen die lebensweltliche Praxis und zwischenmenschliche Verständigung regulieren. Jacques Derrida stellt den messianischen Zug dieses Zukunftsbezugs unter den Titel eines »strukturellen Atheismus, ja, Agnostizismus«, von dem gleichwohl in Frage steht, ob er nicht einen Atheisten auszeichnet, »der sich an Gott erinnert« und erinnern will.[16] Sich Rechenschaft über diese Struktur abzulegen heißt auch sich der Frage zu stellen, ob die in Anspruch genommene »messianicité sans messianisme« ihre Wurzeln in einer universellen Struktur oder in einem bestimmten historischen Ereignis, einer Konstellation der europäischen, jüdisch-christlichen Kultur hat, wobei Derrida mit dieser Frage die bemerkenswerte Feststellung verbindet, dass keine Kritik einer bestimmten Religion die allgemeine Dimension des Glaubens tangiert, welche konstitutiv in das zwischenmenschlich-geschichtliche Leben und die allem Wissen und Tun innewohnende Forderung und Verheißung eingeht.[17] Die radikale Andersheit, die nicht Fremdheit ist, verknüpft die Zukunft im Tiefsten mit dem Hier und Heute.

Eine plastische Gestalt nimmt das Andere und Neue in der Umkehr der Zeitrichtung an. Michael Theunissen hat die Inversion, in welcher die Zeit nicht aus der Vergangenheit in die Zukunft fließt, sondern von dieser herkommt, unter dem Begriff der ›Prolepse‹ als Wesensmerkmal der menschlichen Existenz ausgeführt. Zur Diskussion steht eine Zukunft, die nicht dem subjektiven Entwurf entstammt, sondern gleichsam als objektive Antizipation, als »Vorfall der Zukunft« im Jetzt und in der »Gegenwärtigkeit der Zukunft selbst« anwesend ist.[18] Das Kommen des Neuen ist mit der seit Platon bedachten Zeitform des Plötzlichen *(exaiphnes)* verwandt, in welchem das Unerwartete in die Gegenwart einbricht, sei es als Schicksalsschlag, sei es – so die von Theunissen in den Vordergrund gerückte Version – als Aufsprengung der Zeit und Einbruch ihres Anderen, der Ewigkeit, in jenen herausgehobenen Augenblicken, in denen »*die* Zeit schon angekommen [ist], die in ihrer unausdenkbaren Fülle erst kommt: *die Zeit des Lebens*«.[19] Im Zeichen der Zukünftigkeit, die nicht vom Gegenwärtigen und Vergangenen abgelöst, sondern im Tiefsten mit ihnen verknüpft ist, kommt die wahre Zeitlichkeit der Existenz zum Tragen, die jenseits der abstrakten Sukzession und zwanghaften Wiederholung die eigentliche, zu sich befreite Geschichte birgt und sich auf das Leben in seiner Ganzheit öffnet. Theunissen zögert nicht, in ihr eine transzendente, religiöse Signatur zu erkennen, die auf die »Heilsdimension der Lebensgeschichte des einzelnen« weist.[20] In solchen Beschreibungen kommt eine eminente, emphatische Konzeption der Zukunft im Horizont der Zeitekstasen der Existenz zu Wort. Sie ist im vorliegenden Kontext von besonderer Bedeutung, sofern sie nicht nur eine bestimmte Gewichtung innerhalb der dimensionalen Zeiten vornimmt, sondern eine bestimmte Konfrontation mit dem Anderen hervorhebt, in welcher das Selbst in seinem Verhältnis zum Anderen – seiner Begegnung mit dem anderen Selbst, seinem Bezug zur anderen Zeit, seiner Öffnung auf die Zeit des Anderen hin – ins Licht rückt. Es wird in der näheren Erkundung dieses Verhältnisses zu sehen sein, wieweit sich die Zeitlichkeit des menschlichen Lebens darin in vertiefter Weise offenbart.

7.2 Drohende, fremde, entzogene Zukunft

Mit der Emphase des Zukunftsbezugs als Horizont und Herz der Lebenszeit kontrastieren negative Erlebensformen, die sich in unterschiedlichen Formen kristallisieren. Sie begegnen zunächst als Grenzen der im Vorigen thematisierten theoretischen und praktischen Zukunftsbezüge: als Erfahrungen der Ohnmacht sowohl in der prognostischen Bemühung um ein Wissen vom Kommenden wie in der praktischen Hervorbringung und Lenkung der Zukunft. Und sie begegnen zum anderen in eigentlichen Negativerfahrungen, Konfrontationen mit der Negativität des Zeitlichen: als lebensweltlicher Verlust des Raums des Kommenden, als Erstarrung und Lähmung der voranschreitenden Zeit, als zivilisatorische Bedrohung und Zerstörung der Zukunft, als Ausblick auf eine Zeit jenseits des Menschen. Der kommenden, erfüllenden Zeit steht die verlorene, leere, zerstörte, fremdgewordene Zukunft entgegen. In ihrem Gegenlicht verstärkt der lebensbejahende, affirmative Zukunftsbezug sein Profil.

Basal ist die Verlusterfahrung im Entgleiten der Zeit. Nicht nur die Vergangenheit zieht sich von uns zurück, vergeht und verflüchtigt sich, auch die Zukunft kann mir abhandenkommen. Sie kann sich mir im Laufe der mechanisch weiterschreitenden Zeit entziehen, ich kann die Erfahrung machen, dass sie nicht mehr die meine ist, dass sie nicht mehr zur Zeit meines Lebens gehört. Das zitierte Beispiel von Améry illustriert, wie schon das Weiterleben der Anderen, die Lebendigkeit der Jugend dem alternden Menschen das Bild des eigenen Entschwindens, der Nicht-mehr-Zugehörigkeit zur kommenden Zeit widerspiegelt. Es ist eine radikale Erfahrung der Endlichkeit, die nicht nur mein eigenes Sterben, sondern darüber hinaus meine Zukunft, mein Überleben und Weiterleben in der Gemeinschaft, in Werken und Spuren, im Gedächtnis der Anderen betrifft. Nicht nur, dass ich selbst nicht mehr da sein werde, sondern dass auch meine Welt sich auflöst, dass dereinst keiner sich mehr an mich erinnern wird, lässt uns vor dem Nichts erschaudern. Wenn der Zukunftsschwund, die Schrumpfung des offenen Zeitraums zur normalen Erfahrung des Alterns gehört, so radikalisiert sich diese im Blick auf die künftige Zeit, die über die Absichten und Entwürfe, das eigene Planen und Durchführen hinausweist.

Statt in der entgegenkommenden Zeit Erfüllung zu finden, wird sie zum Gefäß der Entleerung und des Verschwindens. Das Vergessenwerden ist eine tiefergehende Konfrontation mit der Vergängnis als das Brüchigwerden der eigenen Kräfte und Pläne. Es berührt uns als Person im Ganzen unseres Seins. Wenn wir der Zukunft verlustig gehen, entgleitet uns eine essentielle Dimension, ein Wesensmoment unseres zeitlichen Daseins.

Dieses Entgleiten ist Teil der normalen, unhintergehbaren Bewegtheit des Lebens, die konstitutiv mit Prozessen der Abschwächung, der Auflösung und des Vergehens verbunden ist. Anders verhält es sich mit qualitativen Veränderungen des Zeiterlebens, die den Zukunftsbezug intern aushöhlen. Es geht um Erschwernisse und Behinderungen des Zukunftsbezugs, die durch eine Unfähigkeit, gar einen Unwillen des Subjekts zur Zukunft bedingt sind. Es ist eine Unfähigkeit, die ihrerseits in einem Erleiden, einem Leiden und Überwältigtwerden wurzelt und eine grundlegende Ohnmacht des Handelns, ein Unvermögen zur biographischen Neuerung und geschichtlichen Veränderung bewirken kann. In einer typischen Form begegnet sie uns als Folge einer traumatischen Verletzung, die in der zwanghaften Wiederholung resultiert, in welcher sich das Unvermögen zur erinnernden Aneignung mit der Verschließung der Zukunft, der lähmenden Selbstabsperrung im Gewesenen verknüpft. Die gegenwärtige Zeit geht über in eine Zukunft, die sich als Wiederkunft des Vergangenen, als Heimsuchung durch Wiedergänger des Toten erweist.[21] Es ist gewissermaßen die zukunftsbezogene Version der oben genannten Erstarrung des Vergangenen durch die zyklische, jede Neuerung unterdrückende Wiederholung.

Noch drastischer äußert sich das Gefangensein im Vergangenen in der Unfähigkeit zur Weitergabe und Neuschaffung des Lebens. Wenn die Generativität, die Fruchtbarkeit, welche neues Leben hervorbringt, in herausragender Weise von der Zukunftsfähigkeit des Lebendigen zeugt, so liegt umgekehrt in der Nicht-Weitergabe, aus Unvermögen oder Unwillen, die Erfahrung eines unergründlichen Verlusts. Imre Kertész hat ihm eine ausdrucksstarke Beschreibung im Zeichen der Trauer, als *Kaddisch für ein nicht geborenes Kind*, gegeben.[22] Er verknüpft das unerbittliche Nein zur Zukunft aus der eigenen Lebenserfahrung, als Überlebender von Auschwitz und

Buchenwald, mit der Versehrtheit eines Lebens, das durch tiefe Fremdheit und Heimatlosigkeit gezeichnet ist und das er, statt als selbst geführtes und erfülltes Leben, eher als vegetierendes »Weiterleben« und »Untermieterdasein« erlebt.[23] Die in ihm kumulierte Leidensbilanz, die in der obsessiven Erinnerung ohne Ausflucht wiederkehrt und noch die gegen sie angestrengte Arbeit des unablässigen Schreibens zum Vollzug einer Selbstliquidierung, des Schaufelns des eigenen Grabes, werden lässt, ist zugleich Grund der aufwühlenden Absage an ein neues, anderes Leben. Die nicht verheilenden Wunden untergraben den aktuellen Lebensvollzug wie das Weitergeben des Lebens. Die vergangenheitsbezogene Trauer um das ungelebte, unterdrückte Leben verbündet sich mit der zukunftsbezogenen Trauer um das verhinderte, nicht werdende, verweigerte Leben. Ohne in gleicher Weise auf den lähmenden Effekt einer eigenen Lebensgeschichte abzuheben, hat Oriana Fallaci im *Brief an ein nie geborenes Kind* einen verwandten Zusammenhang zwischen der Erfahrung von Krieg und Elend, dem Leiden unter Hunger und Kälte und dem Vorbehalt dagegen freigelegt, ein Kind in die Welt zu setzen.[24] In all diesen Fällen geht es um einen Zukunftsverlust, der aus der intrinsischen Lähmung der Gegenwart kommt, die ihrerseits unter der unerledigten Last des Vergangenen leidet.

In einer anderen, nochmals verschärften Vision steht nicht das individuelle Weiter- oder Nachleben, sondern die geschichtliche Existenz der Gattung selbst in Frage. Es ist der Ausblick auf eine apokalyptische Wende, provoziert durch die irreversible Destruktion der Erde, durch technische Entwicklungen, die sich der menschlichen Herrschaft entziehen, durch den entfesselten Rüstungswettlauf, der nicht mehr rational gehegt und strategisch eingesetzt werden kann. Die Angst vor der Atombombe, der Ruf »Atomkraft, nein danke!«, der Widerstand gegen die Nachrüstung sind Kristallisationen einer Bewusstwerdung, die den Schrecken der Vernichtung vor Augen stellt und für die Zukunft als solche kämpft. Habermas hat eine vergleichbare Krisenwahrnehmung mehr als ein Jahrhundert früher, bei den Junghegelianern, diagnostiziert und das »geschärfte Bewusstsein für die Gefahr versäumter Entscheidungen« daraufhin gelesen, dass Menschen Verantwortung für die Fortsetzung eines Prozesses reklamieren, der mit seiner

Naturwüchsigkeit auch das »Versprechen einer selbstverständlichen Kontinuität« abgestreift hat.[25] Die Unsicherheit mit Bezug auf das, was das Selbstverständlichste schien – das Vorangehen und Weiterlaufen der Zeit und der Entwicklungen in der Welt –, nimmt unterschiedliche Gestalt an und kann sich neben der manifesten Destruktion an Dysfunktionalitäten, an Phänomenen der Erschöpfung oder des Orientierungsverlusts festmachen, wie sie Erlebensformen in Zeiten der Pandemie prägen. In all diesen Versionen steht ein Zukunftsverlust auf dem Spiel, der unser Sein in der Zeit grundlegend affiziert und eine qualitative Veränderung der menschlichen Geschichte anzeigt.

Eine letzte Gestalt nimmt diese Veränderung dort an, wo es nicht mehr um das nackte Gefährdetsein, sondern die radikale Transformation der Zukunft, ihre Verwandlung in eine Zeit ohne den Menschen, in eine Zukunft jenseits des Menschen geht. Das Horrorszenario der apokalyptischen Totalzerstörung wird überboten im Bild eines Weiterexistierens, in welchem die Humanität des Lebens fundamental ausgehöhlt, eliminiert ist. Solche Bilder sind in Negativutopien nicht nur im Zeichen des repressiven Terrors, sondern auch der vermeintlichen Höherentwicklung und Überbeglückung gezeichnet worden. Schon Aldous Huxleys *Brave New World* stellt eine exemplarische Ausformulierung solcher enthumanisierter, selbstentfremdeter Vollendung dar, die von vielen als ebenso bedrohliche Aussicht wie die gewaltsame Auslöschung wahrgenommen wird. Die Übertragung wachsender Kompetenzen vom Menschen an die Maschine, die im Vollzug mechanischer Arbeiten durch Roboter als Entlastung bejaht wird, ändert ihr Gesicht beim Transfer von der menschlichen Ratio an die künstliche Intelligenz und an autonome Regulierungen. Dass Börseninterventionen und militärisch-strategische Einsätze Computern anvertraut werden, hat etwas von der Qualität des Unheimlichen an sich, das Heidegger mit dem Grundaffekt der Angst verquickt. Solche Phänomene treten wie Vorboten einer Zukunft auf, die irgendwann ohne uns auskommt. Miriam Meckel hat die Linien einer solchen »Zukunft ohne uns« ausgezogen, in welcher wesentliche Unterscheidungen, die der menschlichen Lebensform zugehörig sind, suspendiert werden: so die Unterscheidungen zwischen Kreativität und mechanischem Rechnen, zwischen körperlich verankerten und gegenständlich-entäußerten Operationen, zwischen natürlichen und künstlichen Prozessen, realem Leben und virtuellem Ausdruck, menschlichen und algorithmischen Betriebsformen etc.[26] Es sind Dissoziationsprozesse, die mit anthropologischen Abspaltungen und Verselbständigungen einhergehen und unseren alltäglichen Umgang mit Computern und Übermittlungstechniken schon jetzt in erheblichem Ausmaß prägen, wobei das Bewusstsein davon, was in solchen Transformationen zu den normalen, förderlichen Entwicklungsschritten der menschlichen Existenz gehört – oder aber zu deren Zersetzung und Gefährdung führt –, keineswegs einhellig und klar ist.

Von Interesse ist in unserem Zusammenhang, dass der tiefgreifende Wandel im Verhältnis des Menschen zu seinen Schöpfungen mit eigenen zeitlogischen Effekten verbunden ist. Die Verlagerung realer Existenz- und Verhaltensweisen ins Digital-Virtuelle geht mit einer unvergleichlichen Potenzierung der Speicherungskapazität einher. Projiziert wird mit der integralen Digitalisierung die Idee einer Welt, in der alles, auch die unterschiedlichen Versionen einer Sache, gespeichert ist, in der nichts verloren geht, alles ohne Verfallsdatum bewahrt wird, in einer umfassenden Gegenwart da ist.[27] Was verloren geht, ist das Verlorengehen selbst, das Vergessen und Vergessenkönnen, dessen Verschwinden eben seine Unverzichtbarkeit und lebenskonstitutive Bedeutung spürbar werden lässt.[28] »Digitales Vergessen« wird in solcher Negativutopie zu einem »überflüssigen und grotesken Konzept«.[29] Zuletzt bedeutet die verflachende Allgegenwart in der Angleichung von Systemzeit und Lebenszeit eine Nivellierung der dimensionalen Zeit selbst. In einer Zeit, in der wir auf alles, was war, was ist und was einmal sein kann, Zugriff haben, gibt es keine Vergangenheit und keine Zukunft mehr.[30] Zeit verliert ihre existentielle Tiefe, welche ausmacht, dass das Nicht-Gegenwärtige in bestimmter Weise *nicht* ist, dass es noch nicht oder dass es nicht mehr ist. Es verschwindet das von Augustinus beschworene Rätsel, die in der Zeitreflexion bedachte Aporie, das Nicht-Seiende als Teil des zeitlichen Seins, der zeitlichen Verfassung des Lebens denken zu müssen. In konsequentester Weise wird in solcher Projektion, die scheinbar als Apotheose der Zukunft auftritt, die Zukünftigkeit selbst zunichte und mit ihr jene Tiefe der Zeit, die aus der Zukunft kommt.

7.3 Übergang

Die Erfahrung der gelebten Zeit ist keine einfache, kompakte Größe, die sich in einer fokussierten Anschauung zureichend erschließen ließe. Um sie in gehaltvoller Weise zu beschreiben, sind Differenzierungen erforderlich, die sie nach relevanten Hinsichten entfalten. Im Vorausgehenden haben wir uns an zwei solcher Unterscheidungen orientiert, an der wertenden Differenz zwischen positiven und negativen Erlebensformen der Zeit und an der dimensionalen Unterscheidung der Zeiträume des Vergangenen, des Gegenwärtigen und des Künftigen. Sie sind im Folgenden durch die dritte eingangs skizzierte Unterscheidung zu ergänzen, die der Leitfrage der vorliegenden Untersuchung zugrunde liegt: die Differenz zwischen der Zeit des Selbst und der Zeit des Anderen.

Die erste der genannten Gliederungen steht für eine fundamentale Dualität, die in eigentümlicher Weise die Erfahrung der Zeit durchdringt. In anderer, einschneidenderer Weise als andere Erlebens- und Verhaltensweisen, die in einer phänomenologischen Analyse erkundet werden – wie Raumerfahrung, Dingwahrnehmung, Körperbewegung –, scheint das Erleben der Zeit durch den Zwiespalt von positiven und negativen, lebensbejahenden und lebenswidrigen Erfahrungsweisen, Glückserfahrungen und Leidenserlebnissen charakterisiert. Unterschiedliche Facetten dieser Zweiwertigkeit sind im Rahmen der zweiten Differenzierung, in den dimensionalen Prägungen der Zeit, im erlebten Bezug zu Vergangenheit, Gegenwart und Zukunft, prägnant hervorgetreten. Welche grundsätzliche Bedeutung dieser Bivalenz mit Bezug auf das Zeitproblem und die menschliche Existenz zukommt, bleibt ein deskriptiv wie normativ zu vertiefender Sachverhalt. Es bleibt zu sehen, wieweit er durch die Spezifizierung des Zeiterlebens im Horizont der dritten Differenzierung, des Übergangs zwischen Selbstverhältnis und Alterität, Eigenzeit und Zeit des Anderen neu konstelliert wird.

II.

DIE ZEIT IM ZEICHEN DES ANDEREN

8. Selbstsein und Andersheit

Der Perspektivenwechsel von der Zeit des Selbst zur Zeit des Anderen ist eng verbunden mit dem generellen Übergang zur Perspektive des Anderen. Nicht nur zeitliche Phänomene manifestieren sich im Lichte des Anderen. Wir nehmen die Welt überhaupt unter wesentlichen Zügen vom Anderen her wahr. Wir begreifen die Dinge, erfassen Bedeutungen, erfahren Geschichte, kommen zu uns selbst im Austausch mit Anderen. Unser Verstehen und unser In-der-Welt-Sein vollziehen sich nicht nur aus unserem Blickwinkel und mit unseren eigenen Ressourcen, sondern immer auch und vielfach primär über Andere, durch Andere, von Anderen her. Die Verschiebung des Mittelpunkts unseres Seins und Denkens vom subjektiven Selbst zum Ort des Anderen ist ein zentrales Thema in der Grundlagendiskussion der Philosophie des 20. Jahrhunderts. Es gehört zum weiteren Themenkreis der Intersubjektivität, in dem sich unterschiedliche Fragestellungen versammeln.

Eine basale Frage betrifft die Erkennbarkeit des Anderen. Wie kann ich den mir entgegentretenden Anderen als meinesgleichen, als *alter ego*, wahrnehmen, wie kann ich ihn als ein anderes Subjekt auffassen, das selbst eine Welt hat, in der ich meinerseits vorkomme und zum Gegenstand werde? Schon Descartes wirft die Frage auf, wie ich beim Blick aus dem Fenster auf der Straße Menschen erkennen kann, da ich doch nur »Hüte und Kleider sehe, unter denen sich ja Automaten verbergen könnten«.[1] Während sich Descartes zu diesem Behuf mit dem Zusammenspiel von sinnlichem Sehen und gedanklichem Urteilen behilft, haben spätere Theorien eingehender die Fähigkeit untersucht, sich in den Anderen hineinzuversetzen, seine Emotionen und Intentionen nachzuvollziehen und die Ähnlichkeit unserer Erlebens- und Verhaltensweisen zu erfassen. Empathie und Analogiewahrnehmung werden zu Medien des Verstehens anderer Menschen, das seinerseits zu einer Grundlage des Sprechens zu Anderen und Zusammenlebens mit ihnen wird.

Die Frage der wechselseitigen Erkennbarkeit erweitert sich zu der in der neueren Sozialphilosophie vieldiskutierten Frage der geteilten Intentionalität und des Aufbaus einer gemeinsamen Welt.[2] Etwas gemeinsam erleben oder tun, meinen oder wollen sind originäre Bewusstseinsdispositionen und Handlungsformen, die nicht additiv aus monologischen Akten und mentalen Zuständen Einzelner hervorgehen. Die geteilte Aufmerksamkeit, die schon im basalen Lernprozess grundlegend ist (wenn ich etwa auf einen Gegenstand hinweise und voraussetze, dass das Kind denselben Gegenstand, nicht meinen Finger betrachtet), bildet ein eigenes Thema phänomenologischer Analyse. Die Konvergenz der je individuellen Perspektiven, die Gerichtetheit auf eine gemeinsame Welt und die Erkenntnis der subjektiven Sicht des Anderen sind komplexe, aufhellungsbedürftige Phänomene. Das Zusammenkommen unserer Sichtweisen und wechselseitige Sich-Gewahren ist keine Selbstverständlichkeit; oft stoßen wir darin auf Grenzen und Fremdheit. Wir betrachten die Welt zunächst aus je unserer Perspektive; wir nehmen unsere Nächsten auf die uns eigene Art wahr, niemand, schreibt Julia Franck, »gleicht sich mit einem anderen und gleicht seine Wirklichkeit mit der des anderen ab«.[3] Und doch findet dieser Schritt statt, mit welchem ich den Raum des Anderen betrete und der Andere in meine Welt kommt.

In Frage steht der Übergang vom Ich zum Wir. Es geht um den Prozess, in dem nicht nur das Individuum, sondern die Gruppe eine Identität ausbildet und Subjektstatus gewinnen kann. Einen eigenen Akzent setzt darin die Frage nach der Konstitution des einzelnen Selbst im sozialen Umgang. Paradigmatisch befasst sich die Anerkennungstheorie mit ihr, für welche der von Hegel beschriebene Kampf um Anerkennung einen locus classicus bildet. Ich gewinne mein Selbst, indem ich es in Auseinandersetzung mit anderen artikuliere und gegen andere behaupte, aber ebenso durch sie bestätigt und anerkannt finde. Umfassender behandelt die Entwicklungspsychologie die Genese des Subjekts im Eingebettetsein in den Netzen der Zuwendung und Unterstützung, des Hörens und Äußerns, des ursprünglichen Vertrauens und Helfens, des Nachahmens und Lernens. Im Ganzen verschiebt sich unter all diesen Aspekten der Blickwinkel vom monologischen Selbst zur Perspektive des Anderen, vom individuellen zum kollektiven Subjekt des Wahrnehmens und Handelns. Die das moderne Denken kennzeichnende Zentrierung auf das Ich wird abgelöst durch den Horizont der Intersubjektivität und Sozialität.

In gewisser Weise noch tiefergreifend, prinzipieller ist der Blickwechsel, der anstelle des Ich das Du zum Zentrum und Ausgangspunkt macht. Es ist die von der dialogischen Philosophie vollzogene Wendung[4], die in entschiedener Weise den Ausgang vom Anderen als Ursprung des Sinns und Referenzpunkt des Zeiterlebens zur Geltung bringt. Wir können Leitlinien dieser Wendung stellvertretend anhand des Denkens von Emmanuel Levinas nachzeichnen.[5] Exemplarisch arbeitet er sie in Auseinandersetzung mit der Phänomenologie Edmund Husserls heraus, in kritischer Distanzierung von deren konzeptuellen Angelpunkten, der Theorie der Intentionalität und der Rückführung der Bewusstseins- und Zeitanalyse auf das transzendentale Ich. Die erstaunliche Distanzierung von dem, was als selbstverständlichster Ausgangspunkt einer phänomenologischen Beschreibung gilt, welche die Dinge vorurteilslos so aufnimmt, wie sie sich dem Bewusstsein darbieten, hat ihren Grund in einem dezidierten Vorbehalt gegenüber der vermeintlichen Objektivität solcher Beschreibung. In Wahrheit, so Levinas, paktiert deren Grundhaltung mit der herrschaftlichen Funktion eines konstituierenden Subjekts, das den Gegenstand der eigenen Auffassungsweise unterwirft. Intentionalität ist nicht das einfache Nach-außen-Gerichtetsein des Bewusstsein, sondern die assimilierende Vereinnahmung des Anderen durch das Selbst. Zumal nach zwei Hinsichten bedarf die aneignende Vergegenständlichung der Korrektur, um einen wirklich erkennenden und verstehenden Bezug zu den Dingen zu ermöglichen. Zum einen ist die subjektzentriert-konstruktive durch eine gegenstandszentriert-rezeptive Beziehung zu ergänzen, zum anderen ist die theoretisch-thematisierende Bezugnahme durch ein praktisch-ethisches Verhältnis zu überformen. Nennt die erste Korrektur ein von mehreren phänomenologischen Autoren geteiltes Anliegen, so steht die zweite für einen originären Aspekt des dialogischen Denkens von Levinas.

Näherhin geht es um eine zweifache Fundierung, die Levinas in der Rückführung des verstehenden Weltbezugs auf die Begegnung mit dem Anderen ausmacht. Das eine ist der Ursprung des Sinns überhaupt in der dialogischen Begegnung, das zweite seine

Rückführung auf ein ursprünglich ethisches Verhältnis. Die erste Fundierung zielt darauf, hinter dem jeweiligen Inhalt auf die Sinnstiftung als solche, hinter dem Gesagten auf den Akt des Sagens und seine zwischenmenschliche Textur zurückzugehen. Levinas fasst das Verhältnis als eines, das seinen innersten Bezugspunkt im Antlitz des Anderen hat. In diesem sieht er die ursprüngliche Quelle aller Sinnerfahrung, den Sinn jenseits der mannigfachen Bedeutungen, der nicht in dem gründet, *was* der Andere sagt, sondern darin, *dass* er mir begegnet und zu mir spricht. Es ist ein Ursprung, den Levinas auch so umschreibt, dass »das Antlitz spricht«, dass »die Manifestation des Antlitzes die erste Rede« ist.[6] Das für die Hermeneutik grundlegende Verhältnis zum Anderen und Fremden wird in solchem Verstehen dahingehend vertieft, dass es mit der personalen Alterität zu tun hat, welche nicht *das* Andere *(autre)*, sondern *den* Anderen *(autrui)* betrifft; »l'absolument Autre, c'est Autrui«.[7]

Es ist in unserem Zusammenhang von zentralem Interesse, dass Levinas diese Alterität gleichzeitig in das Zeitraster der Absage an die Intentionalität einschreibt, in die mit Derrida und anderen geteilte Kritik an der Idee der Präsenz und Re-präsentation. Nicht in der simultanen Ko-präsenz des Bewusstseins mit seinem Gegenstand, sondern in einer grundlegenden ›Diachronie‹ findet das Urphänomen des Sagens und Verstehens statt, in welchem der Andere mir in einer uneinholbaren Vorgängigkeit begegnet. Immer schon eröffnet der Andere in seinem Sprechen den Sinnraum, in dem ich mich bewege, immer schon bin ich vom Anderen angesprochen, durch ihn herausgefordert. Es ist dieses Immer-schon-Angesprochensein, in dem sich die ethische Substanz der Begegnung offenbart. Sie konkretisiert sich in der Rede des Anderen, der ich zu antworten habe, aber ebenso im Appell des Antlitzes, seinem Anspruch an mich, in der Offenbarung seiner Verletzbarkeit und Sterblichkeit, die mich ursprünglich in die Pflicht nehmen und mir eine Verantwortung auferlegen. Die Dimension des Zwischenmenschlichen, in der sich die Konstitution von Sinn ereignet und mein verstehender Weltbezug gründet, ist nach Levinas von ihrer ethischen Besetzung unablösbar. Sie ist kein bloß kognitives und strukturelles Beziehungsgefüge, sondern immer schon in affektive und moralische Beziehungen eingelassen. Diese sind fundamentaler, seinsmäßig ›früher‹ als die bewusstseinsmäßigen Relationen und erkennenden Akte. Ich bin vom Antlitz des Anderen berührt, bevor ich es betrachte, von seinem Blick getroffen, bevor ich seine Augenfarbe wahrnehme. Das interaktiv-ethische Involviertsein geht der gegenständlichen Intentionalität voraus.

Die Priorität des Ethischen gegenüber der Erkenntnis verbindet sich mit der Vorgängigkeit des Anderen vor dem Selbst. Die dialogische Beziehung ist eine, die durch den Anderen hervorgerufen wird, dem das Selbst antwortet, in unterschiedlichsten Rollenentsprechungen als Sprecher und Hörer, Opfer und Helfer, Schenkender und Beschenkter. Dabei kommt mir der Andere wesensmäßig zuvor. Das Selbst stellt sich »immer verspätet beim Rendez-vous mit dem Nächsten« ein.[8] Die Vorgängigkeit des Anderen stiftet eine grundlegend asymmetrische Relation, auch wenn die Asymmetrie eine wechselseitige sein kann, in welcher jede Seite für die andere die je zuvorkommende ist. Die Mutter ist vom Säugling berührt und ist für ihn die zuerst sich Zuwendende, zu ihm Sprechende. Er lernt zu verstehen, die Botschaft zu empfangen, bevor er selbst zu sprechen beginnt. Von der initialen, zweifachen Vorgängigkeit bis zur gegenseitigen Anerkennung oder zum egalitär-symmetrischen Diskurs erstreckt sich ein ganzes Geflecht intersubjektiver Haltungen und Operationen, in denen sich die konkrete Dialogizität im menschlichen Leben entfaltet. Bedeutsam ist diese Konstellation im Zusammenhang unserer Fragestellung, wie gesagt, darin, dass sie die logisch-epistemologische Verhältnisbestimmung zwischen dem Selbst und dem Anderem mit einer zeittheoretischen Relation verknüpft: Die Inversion von der gängigen Zentralität des Ich zum Ausgang vom Anderen wird in das Verhältnis von Fruher und Später eingezeichnet, von diesem her gelesen. Dabei haben wir es nicht mit einer formalen Zeitstruktur, sondern einer Prozessform des sinnhaften Lebens zu tun, die in der radikalen Andersheit der zwischenmenschlichen Begegnung gründet.

Für Levinas hat sich ein authentisches Zeitdenken als eines erwiesen, das die Ereignishaftigkeit des Zeitlichen jenseits der kantisch-transzendentalen Formalisierung des Zeitbegriffs erfasst.[9] Die Urform konkreter Zeiterfahrung sieht Levinas mit Rosenzweig im Leben einer Gemeinschaft, idealtypisch realisiert in der Geschichte des jüdischen Volks und rituell im Zyklus des jüdischen Jahres bewahrt, in einer Geschichte, die ihren letzten Grund im Band zwischen Gott, Welt und Mensch hat, das sich in Schöpfung, Offenbarung und Erlösung manifestiert und die Zeit zwischen Vergangenheit, Zukunft und Ewigkeit aufspannt.[10] Generell stellt Franz Rosenzweig den Paradigmenwechsel, den er mit dem »neuen Denken« der Dialogik verbindet, in den Kontext einer Aufwertung des Zeitlichen, die sich von der Zeitfremdheit der griechisch-abendländischen Theorie ablöst, und zugleich in den Rahmen der irreduziblen temporalen Asymmetrie, die er mit dem menschlichen Gespräch verknüpft. Während sich die traditionelle Philosophie an der Methode des zeitlosen und einsamen Denkens orientiert, geht es dem neuen Denken um die essentiell zeitgebundene »Methode des Sprechens«, in welcher die Rollen des Selbst und des Anderen ungleichzeitig zum Zuge kommen. Das Gespräch »lässt sich seine Stichworte vom anderen geben«, es »lebt überhaupt vom Leben des anderen«, »ich weiß nicht vorher, was mir der andre sagen wird«; ein Gespräch führen heißt Zeit brauchen, »nichts vorwegnehmen können, alles abwarten müssen, mit dem Eigenen vom andern abhängig sein«. Eben darin, so Rosenzweig, liegt das Spezifische des neuen Denkens, »im Bedürfen des anderen und, was dasselbe ist, im Ernstnehmen der Zeit«.[11] Die zeitliche Asymmetrie zwischen dem Selbst und dem Anderen ist eine signifikante Variante jener generellen Vorgängigkeit und Nachträglichkeit, die in neueren Theorien unter variierenden Vorzeichen als Insignien der Temporalität des Lebens und des historischen Sinngeschehens herausgestellt wird, des Entzogenseins des je schon entglittenen, nie gegenwärtig gewesenen Ursprungs und des nie einholbaren Aufschubs der ausstehenden Erfüllung. Sie stellt einen Nukleus der Verschränkung von Zeit und Andersheit dar, die im Folgenden in ihren weitergehenden Implikationen, den konkreten Figurationen der Zeit des Anderen im Leben des Selbst, zu erhellen ist.

9. Zeit und Andersheit

9.1 Zwischen Eigenzeit und Zeit des Anderen

(a) Geteilte Zeit

Die Zeit, in der ich lebe, ist nicht nur die meine. Zeit ist eine exemplarische Instanz des mit anderen geteilten Weltverhältnisses. Wenn sich zwischen meinem persönlichen Bewusstseinsbezug zu den Dingen und demjenigen anderer Individuen der Zwischenbereich der gemeinsamen, kollektiven Intentionalität geöffnet hat, so zeigt sich, dass dieser nicht nur einen Sonderbereich bestimmter Erlebens- und Verhaltensweisen (etwa ein Gruppenspiel) neben individuellen Empfindungen und Gegenstandsbezügen (z.B. ein Schmerzerlebnis) betrifft, sondern zugleich einen allgemeinen Rahmen unseres realen In-der-Welt-Seins bildet. Die Welt als solche, die den Horizont all meiner Gegenstandsbezüge abgibt, bildet ebenso den mit anderen geteilten Raum meines Tuns und Erlebens, und so gehört auch die Zeit als Form dieses Raums zur gemeinsamen Grundverfassung unserer Existenz. Dies gilt für die Zeit als umfassenden Horizont allen Werdens und Vergehens wie für die besonderen, konkreten Erfahrungs- und Handlungsräume, deren temporale Erstreckung und Gestalt nicht allein meiner individuellen Prägung und Auffassung entstammt. Als soziale Wesen existieren wir je schon in einer gemeinsam konstituierten und mit anderen erlebten Zeit. Wenn Husserl die phänomenologische Analyse unseres Weltbezugs überhaupt von der egologischen Eigenheitssphäre zur transzendentalen Intersubjektivität vertieft, so gewinnt diese Vertiefung mit Bezug auf die Zeitlichkeit besondere Stringenz. Auch wenn es für die bewusstseinsmäßige Beschreibung naheliegen kann, zeitliche Phänomene bevorzugt mit Bezug auf unser individuelles Erleben zu erfassen und auf die Art und Weise zurückzuführen, wie sich Prozessformen des Entstehens, des Dauerns, Vorübergehens und Vergehens unserem Wahrnehmen darbieten und durch uns vollzogen werden, erfahren wir die Zeit in der Tiefe als etwas, das nicht aus uns kommt, sondern aus dem wir selbst kommen und in dem wir sind. Im Innersten des Zeitgeschehens und Zeiterlebens sind wir mit dem Anderen, dem nicht aus uns Kommenden, nicht durch uns Geformten konfrontiert.

In besonderer Weise werden wir dessen in den Gestalten der dimensionalen Zeit, der Gegenwärtigkeit, Erinnerung und Voraussicht gewahr. Im Rückblick auf Gewesenes, im Offensein für Neues, in fürchtender oder hoffender Erwartung des Kommenden – immer sind wir auch mit dem Anderen, nicht nur dem Eigenen befasst, auch dort, wo wir uns einem selbst Erlebten oder uns Betreffenden zuwenden. Anschaulich wird etwa der Ereignischarakter der Zukunft, das Überraschende des Neuen gleichzeitig mit dem Aufbrechen der solipsistischen Selbstabgeschlossenheit in der Begegnung mit Anderen erlebt. Der Andere, der auf mich zukommt, schreibt Rudolf Bernet, »befreit mich nicht nur aus meiner Einsamkeit, sondern öffnet in meinem Leben die Dimension einer Gegenwart, einer Zukunft und einer Vergangenheit, deren Bedeutung sich nicht in mir allein bildet«, sondern die ich in einer »grundlegenden Passivität gegenüber dieser anderen Zeit erfahre, die mir vom Anderen her zukommt«.[1] Wenn sich diese Öffnung in besonderer Prägnanz mit Bezug auf die Zukunft, im Ereignis des auf mich zukommenden Anderen und Neuen, aufzutun scheint, so vollzieht sie sich doch gleichermaßen sowohl im gegenwärtigen Erleben, das mich von allen Seiten mit Nicht-Eigenem konfrontiert und in dem ich mich selbst Anderem öffne, Anderen Raum und Gastfreundschaft biete, wie im Gedächtnis des Vergangenen, in welchem ich nicht nur mich selbst antreffe, sondern auch die gewissermaßen noch tiefere Erinnerung Anderer berge. Wenn die Zeitekstasen weithin von affektiven Besetzungen – Furcht und Hoffnung, Reue und Versprechen, Nachtragen und Verzeihen – durchdrungen sind, so verkörpern sie keine rein temporalen Dispositionen, sondern sind sie aufs Engste mit interpersonalen und sozialen Beziehungen verschränkt. Dass ich wesenhaft zeitlich existiere, dass ich nicht nur in mehr oder weniger erfüllter Gegenwärtigkeit da bin, sondern in einem ›diachronen‹ Fluss je aus der Selbstgegenwart in die Ungleichzeitigkeit mit mir und die zeitliche Äußerlichkeit hinaustrete, ist im realen Leben von der Partizipation an der Andersheit des Anderen nicht ablösbar.[2] Es ist ein Überschreiten, ein Wechsel zwischen Eigenzeit, Zeit des Anderen und Weltzeit, der in globaler Perspektive als Übergang von der Zeit als solcher zur Geschichte gefasst werden kann. Wir sind nicht nur zeitlich verfasste, sondern historisch existierende Wesen, und die spezifische, individuelle wie soziale Zeitform der Geschichte macht die Verfassung der menschlichen Existenz mit aus.[3] Wie die Zeit, so ist die Geschichte, auch meine Geschichte, nicht nur die meine, sondern auch eine gemeinsame, mit anderen geteilte.

(b) Zeit des Anderen – andere Zeiten

Die Zeit scheint dem Selbst das Innerste, und sie gehört doch nicht nur dem Selbst, sie ist nicht nur die eigene Zeit. Zu verdeutlichen ist, wieweit schon die Zeitdimension als solche die Subjektzentrierung des Denkens und Handelns transzendiert. Die ›Jemeinigkeit‹[4], welche in existenzieller Sicht nach Heidegger das menschliche Dasein gerade auch in seiner zeitlichen Ausdehnung, exemplarisch als Sein auf den Tod hin, kennzeichnet, erweist sich nach anderer Hinsicht als Zeichen einer solipsistischen Verengung. Der Mensch ist sich in seiner authentischen Seinsweise nicht nur von sich her, aus den je eigenen Entschlüssen, dem eigenen Handeln und Leiden in seiner Wahrheit erschlossen. Und ebenso lebt er nicht einfach in seiner eigenen Zeit, in dem ihm zugehörigen, aus ihm heraus konstituierten, durch ihn selbst gestalteten Zeitraum. Er ist gleichzeitig in anderen Zeiten zuhause und kommt von anderen Zeiten her zu sich selbst. Blaise Pascal kommentiert die Flucht aus der Gegenwart als der einzigen Zeit, die uns ursprünglich zu eigen ist, in die Vergangenheit und Zukunft, die uns nicht gehören: Wir fliehen uns selbst und »irren in den Zeiten, die nicht die unseren sind«.[5] Zwar sind wir daran gewöhnt, die Zeit als ein privilegiertes Medium zu betrachten, in dem wir als wir selbst existieren und in unseren Erinnerungen und Entwürfen mit uns selbst zu tun haben, zu uns selbst kommen. Sie ist wie ein innerster Kern im Prozess des Sichentfaltens und Mitsicheinswerdens. Gleichzeitig aber ist die Zeit, wie der Raum, ein Medium der Äußerlichkeit *(partes extra partes)* und des Sich-Äußerlichwerdens. Wir kommen von anderswo her und gehen anderswo hin. Als zeitliche Wesen sind wir je in die Bewegung des Werdens eingelassen, in den Lauf des Entstehens, Sichänderns und Vergehens, der sich zugleich im Wechsel von Zerstreuung und Zusammenführung, Differenzierung und Identitätsbildung vollzieht. In der zeitlichen Existenz sind wir mit uns eins und uneins, Zeitlichkeit ist Grund unserer Identität und Nicht-Identität. In-der-Zeit-Sein ist ein Außer-sich-Sein, das immer auch ein Sein in der Zeit Anderer ist.

Jeder Mensch hat seine Zeit. Wie ich meine eigene Zeit habe, so hat jeder Andere seine Zeit. Unsere Zeiten überschneiden sich, sie überlagern und durchdringen sich, und sie unterscheiden und trennen sich, folgen ihrem besonderen Rhythmus und bilden ihre eigene Gestalt aus, sie gehen auseinander und kommen zusammen. Die Andersheit, mit der ich im Zeiterleben zu tun habe, entstammt nicht einfach der Dispersion des Zeitlichseins als solchen, sondern der Berührung mit der Eigenzeit anderer. Wie ich, sind die Anderen Subjekte ihrer Zeit. Sie entwerfen ihren Zeithorizont aus dem eigenen Tun und Erleiden, aus ihrer Herkunft heraus und auf ihre Zukunft hin, als Rahmen und Gerüst des eigenen Lebens. Die Zeit ihres Lebensraums ist von ihnen her strukturiert, auf ihr Tun und Lassen, ihr Fürchten und Hoffen als Bezugspunkt gerichtet. Zwischen ihrer Zeit und meiner Zeit gibt es sowohl Distanz und Fremdheit wie Nähe und Gemeinsamkeit. Die geteilte Intentionalität im Zeiterleben stößt auf Grenzen: Menschen leben in unterschiedlichen Geschichten, sie haben eine anders gefärbte Herkunft und auseinanderdriftende Zukunftswege; zwischen ihnen bestehen Grenzen der Kommunikation, auch wenn sie, wie Emigrierte und im Land Verbliebene, sich treffen und sich über eine geteilte, doch verschieden erlebte Geschichte austauschen. Andererseits gibt es Wege des Hinüber- und Zurückgehens zwischen dem Eigenen und Fremden. Ein Weg der Vermittlung ist das Eingehen auf die innere Zeitform des anderen Lebens. Sie öffnet sich mir nicht in direkter Weise, ist mir nicht als Teil meiner lebendigen Gegenwart gegeben, sondern allenfalls indirekt erschließbar.[6] Andere in ihrer Andersheit ernst nehmen heißt auch die Andersheit ihrer Zeit, die konstitutive Verwiesenheit ihrer Zeit auf sie selbst und ihr Leben erfahren. Julian Barnes konkretisiert diese Perspektive in der Trauer um einen geliebten Menschen, die nicht so sehr dem Leid des

Hinterbliebenen als dem Verlust gilt, den der Verstorbene selbst erlitten hat, der seines Lebens, seiner Zukunft beraubt worden ist.[7] Die Zeit des Anderen ist die seine, sie gehört zu ihm und zu seinem Leben, das je *sein* Leben ist. Wie im Zeitlichen gleichsam eine Zweistufigkeit zwischen dem In-der-Zeit-Sein und der je eigenen Zeit des Selbst besteht, so im Lebendigsein zwischen der gemeinsamen Partizipation am Leben als solchem und dem je individuellen, eigenen Leben, dem besonderen Lebenslauf, der die biographische Identität des Einzelnen bestimmt. Wenn wir in der Teilhabe am Leben mit anderen ein Gemeinsames teilen, so unterscheidet uns das individuierte Leben, die eigene Lebensführung, der besondere Lebenslauf voneinander. Meine Zeit ist ein Eigenes, mein Leben ein Anderes gegenüber der Zeit und dem Leben des Nächsten.

Gleichzeitig bestehen Bezüge und Wechselwirkungen zwischen ihnen. Die Sequenzen und Verknüpfungen unserer jeweiligen Erlebnisse, die gerade in ihrer Heterogenität eine Ressource des lebendigen Austauschs sind, können in Dialog treten und in ihrer Verflechtung die Sinnhaftigkeit unserer Lebenswelt ausmachen.[8] Ihr Wechselspiel nimmt je nach Lebenssituation unterschiedliche Gestalt an, es kann sich als antagonistisches wie solidarisches, einschränkend-behinderndes wie fördernd-tragendes realisieren. Die Zeit des Anderen kann mich mittragen, sich mir öffnen und mir entgegenkommen, aber auch mich einengen, meinem Leben entgegenstehen. Sie kann eine mir äußerlich bleibende Parallelwelt begründen, aber auch eine Stütze, eine Bedrohung, eine Herausforderung für meine Eigenzeit sein. Der Andere kann mir Zeit schenken, mir Zeit lassen, indem er seinen Zeitbedarf, seine Hast oder seine Lethargie aus meinem Lebensfluss zurückzieht, und er kann mir Zeit stehlen, meine Zeit besetzen durch den fremden Rhythmus, mit dem er in mein Leben eindringt, oder den Zeitbedarf, der meine Ressourcen absorbiert. Es ist ein alltagsweltlich vertrauter, in verschiedensten Verästelungen erlebter Sachverhalt, dass Zeit ein grundlegend soziales Phänomen ist, das sich neben der basalen Gemeinsamkeit über viele Kanäle des Tauschens, Gebens und Nehmens verwirklicht. Neben der Konvergenz gehört die Konkurrenz der Zeiten, die gegeneinander im Wettlauf stehen, sich blockieren, vereinnahmen und abdrängen, zur temporalen Formbestimmung des menschlichen Lebens. Die Zeit des Anderen hat ihre erste Gestalt darin, dass es neben meiner Zeit auch deine, seine, ihre Zeit gibt, dass jede dieser Zeiten in analoger Weise in einem individuellen Subjektbezug verankert, mit einem besonderen Lebenslauf verflochten ist. Gleichzeitig bestehen zwischen ihnen mannigfache Beziehungen sowohl des Erkennens – des Einfühlens und Verstehens, aber auch des Nichtverstehens und Fremdbleibens – wie der praktischen Interaktion. Die Zeit des Anderen ist eingelassen in die wesensmäßige Pluralität der Subjekte, ihrer Handlungsnetze, ihrer Lebensräume und ihrer Zeiten.

Im Spiel ist zuletzt eine zweifache Andersheit der Zeit: die Andersheit fremder Zeiten und die des Anderen der Zeit. Die Andersheit ist zum einen die der Zeiterfahrung und Zeitgestaltung anderer Subjekte, mit denen mein Tun und Erleben in vielfältiger Beziehung steht. Es ist die andere Zeit von Einzelnen, aber ebenso die Zeit der Gesellschaft, die Zeit der Welt, die mir als andere Zeit und Zeit der Anderen begegnet, welche das Außen, gegebenenfalls den Horizont und die eigene Tiefenschicht meines Erlebensraums bildet. Die menschliche Existenz ist nicht abgelöst vom Spiel zwischen Eigenzeit und fremder Zeit, Selbstzeit und Weltzeit zu vermessen. In unterschiedlicher Weise überkreuzt sich die Zeit des Anderen mit meiner Erfahrung und wird sie bedeutsam im Binnenhorizont meines Lebens; dies ist das zentrale Thema, das in den folgenden Abschnitten im Horizont der unterschiedlichen Zeitdimensionen in den Vordergrund rücken wird. Es kommt etwa im Prozess der kulturellen Tradition, im Aufnehmen einer Sinngeschichte und Weitergeben einer Erbschaft zum Tragen, wie sie sich exemplarisch in künstlerischen Schöpfungen und Transformationen niederschlägt. So beteuert Pablo Picasso, der sich als kreativer Neuerer zugleich aus einer übergreifenden Kontinuität heraus versteht, dass es für ihn »in der Malerei weder Vergangenheit noch Zukunft«[9] gebe und dass ihn beim Malen oft das Gefühl begleite, »dass Delacroix, Giotto, Tintoretto, El Greco« wie auch die modernen, abstrakten und gegenständlichen Maler hinter ihm stehen und ihn »bei der Arbeit beobachten«. Die alten Meister, die frühen Autoren und Schöpfer sind für den gegenwärtigen Künstler Zeitgenossen in einem Austausch, in dem sie ihre Rollen wechseln und die Gemeinsamkeit ihrer Themen und Fragen erproben.[10] Es ist eine Kommunikation der Zeiten und Subjekte, die nach beiden Seiten stattfindet, den Früheren wie den Späteren zugute kommt, welche am Leben der Vorgänger teilhaben und im Werk der Späteren ihr Nachleben finden. Paradigmatisch durchdringen sich in solchen Verflechtungen diachrone und zwischenmenschliche Verhältnisse. Über solche konkreten Bezugnahmen greifen andere Zeiten hinaus, die das Ganze der Lebenszeit überwölben, als mythische Vergangenheit die Lebenszeit durchherrschen, als erlösende Zukunft sie befreien. Im Blick stehen Zeit-Interferenzen, die namentlich in religiöser Besinnung oder dichterischer Beschreibung zum Thema werden, andere Zeiten, die in der Welt aufbrechen, in das Leben der Menschen eindringen können. In nochmals anderer Form schließlich manifestiert sich die Andersheit der Zeit als die des Anderen zur Zeit und ihrer Bewegtheit, als Immerzeitigkeit, als Zeitlosigkeit, als Ewigkeit. Es wird zu sehen sein, in welcher Weise auch solche transzendierenden Gestalten der anderen Zeit die Tiefe der menschlichen Existenz mit ausmachen.

Die Zeit des Anderen ist eine andere Zeit. Sie ist in signifikanten Formen mit der ›anderen‹ im Sinne der nicht mir zugehörigen Zeit verbunden, als welche Pascal die der Gegenwart entgleitenden Zonen des Gewesenen und Kommenden beschrieben hat. Es besteht ein innerer, aufzuhellender Zusammenhang zwischen der Zeit des Anderen und den dimensionalen Ekstasen im Zeiterleben des Selbst. In besonderer Weise ist der Zusammenhang im Zukunftsverhältnis hervorgetreten. Der Bezug zur kommenden, mir entgegenkommenden Zeit und die Beziehung zum anderen, auf mich zukommenden Menschen stehen nicht nur in äußerer Strukturaffinität, sondern sind in bezeichnenden Konstellationen ineinander verschränkt. Das Erlebnis des Neuen in der Begegnung mit anderen Menschen bedeutet gleichermaßen ein Sichöffnen auf das Zukünftige und ein Aufgehen der kommenden Zeit. Die Umkehrung des intentionalen Gerichtetseins in die Selbstmanifestation des Anderen bildet einen Nukleus sowohl der zwischenmenschlichen Begegnung wie der lebendigen Zukunft. Das Entgegenkommen des Anderen verschränkt sich mit der Unableitbarkeit des Kommenden. Beiden eignet ein Moment des Nichtantizipierbaren, Überraschenden, das zwar im Horizont der Erwartungen auftritt, doch ohne in seiner Bestimmtheit vorhersehbar zu sein. *Dass* mir ein anderer Mensch entgegenkommt, *was* er mir zu sagen hat, *wie* er mich anrufen und mich in Anspruch nehmen wird, all dies kann ich ebenso wenig von mir her ergründen, wie ich das noch nicht Daseiende, erst Kommende aus meinem Zeitraum heraus begreifen kann. Beides sind in ihrer Art radikale Erfahrungen der Andersheit. Doch bildet sich das Band dieser zweifachen Andersheit nicht nur im Horizont des Kommenden. In ähnlicher Weise zeigt es sich in der Tiefe des Gewesenen. Wie die unvorhersehbare Zukunft, ist die Vergangenheit mit Figuren der Andersheit durchsetzt, können uns Andere aus längst vergangenen Zeiten ansprechen. Selbst das uneinholbare, unvordenkliche Vergangene, das sich unserem Erinnern entzieht, kann sich als Hort einer Andersheit erweisen, die doch im Lebenshorizont des Selbst aufscheint und das Eigene angeht. Die Kultur des historischen Gedenkens gilt jenseits des selbst Erlebten dem Fremden, von Anderen Erfahrenen. Sie kann sich der Herkunft und vergessenen Geschichte anderer Menschen widmen und das Unabgegoltene im fremden Vergangenen wachhalten. Wir werden durch die verstummten Stimmen unserer Vorfahren, durch die Appelle und Klagen früherer Geschlechter ebenso angerufen, wie wir uns auf den noch nicht erklungenen Gruß und Zuspruch kommender Generationen hin öffnen. Im Wiederfinden des Verlorenen und Aufnehmen des noch Ungehörten, im Erinnern wie im Erwarten überschreiten wir die Retentionen und Protentionen unseres Bewusstseinshofs. Im Rückblick wie im Ausblick haben wir in originärer Weise mit anderen Menschen und anderen Zeiten zu tun.

9.2 Personale und absolute Andersheit

Emmanuel Levinas unterstreicht den Nexus zwischen der Andersheit des Selbst und der Alterität der Zeiten. Er tut dies, indem er die zweifache Zeittranszendenz im Horizont der ursprünglichen ethischen Verpflichtung lokalisiert, die mir vom Anderen her auferlegt wird: auf der einen Seite die ›unvordenkliche Vergangenheit‹ jenseits aller Erinnerung und Repräsentation, die mir nie gegenwärtig und in meiner Macht war und in der die je vorgängige Verantwortung für den Anderen wurzelt, auf der anderen Seite das Verwiesensein auf eine Zukunft jenseits von Erwartung und

Antizipation, die den Fluchtpunkt meines Seins-mit-Anderen bildet.[11] Mit großem Nachdruck insistiert Levinas auf der radikalen Andersheit, die sich in der dialogisch-temporalen Erfahrung manifestiert. Er beschreibt sie in Termini des Unendlichen jenseits der Endlichkeit alles Bestimmten und der Geschlossenheit jeder Totalisierung. Darin liegt der Kern der »wahren Zeitigung«, das »tiefe Werk der Zeit«, welches die Öffnung des Zeitraums zugleich mit der Offenbarung des absolut Anderen vollzieht, der allein in der Lage ist, die radikale Zukunft zu erschließen und darin an das entschwundene Vergangene anzuknüpfen.[12] Die Zeit als Medium des Übergangs fungiert als »Beziehung zum ganz Anderen«, Unendlichen und Nichtassimilierbaren, das in Gestalt des Künftigen als Neues, Überraschendes auftritt.[13] Wenn die Dia-chronie bei Autoren wie Levinas und Rosenzweig zwar vornehmlich im Zeichen des Kommenden wahrgenommen wird, so findet sie sich in der Sache ebenso im Verhältnis zum absolut Vergangenen verortet. Die messianische Kraft, die Benjamin der revolutionären Erinnerung zuspricht, erwächst aus der »geheimen Verabredung« mit den »gewesenen Geschlechtern«, wie umgekehrt »erst der erlösten Menschheit ihre Vergangenheit« vollauf zufällt. Zwischen ihnen ereignet sich jene eigentümliche Verschränkung von Vergangenem und Künftigem, die ihren emblematischen Ausdruck im Bild des Engels der Geschichte, des Angelus Novus findet, der sein Antlitz der Vergangenheit zugewandt hat und zugleich von einem Sturm »unaufhaltsam in die Zukunft« getrieben wird.[14] Das aufbrechende Potential solcher Erinnerung, welche die festgelegte Vergangenheit und das verschlossene Tor der Zukunft in eins aufschließt, ist keiner solitären Reminiszenz, sondern dem solidarischen Gedenken anvertraut. Die radikale Andersheit der Zeiten ist von jener der dialogisch-zwischenmenschlichen Beziehung nicht abgelöst.

In den Blick kommt bei Levinas eine Binnendifferenz im Verhältnis zum Anderen, die das Verhältnis schärfer konturiert und vertieft: die Differenz zwischen personaler und absoluter Andersheit, zwischen dem zwischenmenschlichen Du und dem ganz Anderen. Es ist eine Differenz, die namentlich dort thematisch wird, wo das dialogische Verhältnis im Horizont der Religion, in seinem Bezug zum Gottesverhältnis reflektiert wird. Dabei gehört es zur Radikalität des dialogischen Ansatzes, wie er bei Levinas, Rosenzweig oder Theunissen formuliert wird, dass die beiden Andersheiten nicht einfach alternativ nebeneinander beziehungsweise übereinander stehen, sondern in einer grundlegenden Affinität, gewissermaßen einem kommunikativen Verhältnis zueinander stehen, so dass die theologische Dimension, das Einbrechen des ganz Anderen, nichts anderes als die eigene Tiefe der Begegnung mit dem anderen Menschen anzeigt. *In* dieser Begegnung, so die dialogische Lesart, haben wir mit einer radikalen Andersheit zu tun, mit einer inkommensurablen, unvertretbaren Differenz, die im fremden Antlitz aufscheint. In der Begegnung, in der uns ein Anderer in seiner Nicht-Antizipierbarkeit entgegenkommt, ereignet sich originäre Zukunft, tritt Neues in unserem Leben auf, öffnet sich eine andere Zeit, die in herausgehobenen Situationen einen Vorschein des Anderen der Zeit, der Ewigkeit, in sich tragen kann. In ihr geschieht ein Übersteigen der diachronen Abfolge, in welchem »der absolut andere Andere *(Autrui absolument autre)* – und wäre er mein Sohn« – die jenseitige Zukunft abzustecken und mit der ältesten Vergangenheit zu verknüpfen in der Lage ist.[15] Levinas versammelt die unterschiedlichen Abschattungen der »Beziehung zum ganz Anderen« in einem zusammenhängenden Verhältnis zu dem, was jenseits der Intentionalität, »nicht assimilierbar« ist, was nicht »erfasst« und nicht »begriffen« werden kann, eine Beziehung, die er ebenso im Verhältnis zum Weiblichen, zum Kind ausmacht. In reinster Form aber erfährt der Mensch solche Transzendenz im Zeitlichen, im Bezug zur uneinholbar-unvordenklichen Vergangenheit wie zur unausdenklichen Zukunft des »absolut Anderen und Neuen«[16]. Er erfährt sie im Hinausgehen zu einer anderen Zeit, die mit dem Jenseits der Zeit kommuniziert.

Strukturell fasst Levinas diese Beziehung als eine zu einem Anderen jenseits aller endlichen Bestimmtheit, zum ›unbegrenzten Unendlichen‹ *(infini illimité)*[17] jenseits aller Totalisierung, einem Unendlichen, das uns gleichwohl in einer personalen, ethischen Beziehung angeht, die sich in der Begegnung mit dem konkreten Anderen ereignet, doch über ihn hinausgeht. Das Hinausgehen, das ein Jenseits der Welt und der Dinge anzeigt, umschreibt Levinas auch als ein Jenseits der Ich-Du-Beziehung in der Figur der »dritten Person«, als das »Il« der »illéité«, die als Ursprung und Herkunft der radikalen Andersheit des Anderen fungiert. Es ist ein

Ursprung jenseits des Erkennbaren, wie die »Spur« des je Entschwundenen, des Gottes, »der vorübergegangen ist«, »nach dessen Bild« der Mensch gemacht ist und in dessen Spur uns der nie in reiner Präsenz gegenübertretende Andere begegnet.[18] In solchen Umschreibungen führt Levinas die transzendente mit der dialogischen Relation zusammen und lässt die Gottesbeziehung mit der authentischen zwischenmenschlichen Begegnung konvergieren: »Auf Ihn zugehen heißt [...] auf die Anderen zugehen, die sich in der Spur halten.«[19] Es ist die Beziehung zum Ab-soluten, die er auch als eine Verwicklung *(intrigue)* beschreibt, »die an das bindet, was sich absolut loslöst«, an das Unendliche jenseits aller Thematisierung – eine Verwicklung, »die man versucht wäre religiös zu nennen, die sich nicht in Termini von Gewissheit und Ungewissheit äußert und auf keiner positiven Theologie gründet«.[20] Es ist die eigentümliche Beziehung zu etwas, das zugleich außerhalb der Beziehung bleibt und darin den Grund der Andersheit des Anderen und des Verhältnisses zu ihm bildet.

So bekräftigt sich das Verhältnis beider Alteritäten als eines, in dem die absolute Andersheit für die radikale Tiefe der dialogischen Andersheit steht. Es ist eine Vertiefung, die unter der Prämisse steht, dass das Eingefügtsein des zwischenmenschlichen Verhältnisses in die Beziehung zum Absoluten geteilt, geglaubt, vollzogen wird – wobei sich die kritische Rückfrage nach der Einheitlichkeit des Beziehungsgefüges stellt, in welchem sich die im Prinzip symmetrische Relation zwischen Ich und Du mit der fundamental asymmetrischen Relation zum Absolut-Unendlichen verschränkt. Festzuhalten ist das entschiedene Zeugnis des Dialogismus, demzufolge die absolute Andersheit als konstitutiver Horizont der Andersheit zwischen endlichen Subjekten fungiert. Die Beziehung steht für eine paradigmatische Ausformulierung der Frage nach dem Anderen, die auch für die Explikation der intersubjektiven Relation von Belang ist. Es wird zu verdeutlichen sein, welche Konturen sie in Verbindung mit der Temporalität annimmt und inwiefern sie für die umfassende Frage nach der Zeit des Anderen erhellend wird.

9.3 Exkurs: Die zwiefache Andersheit der Reinkarnation

In einer besonderen Konstellation verschränken sich die Andersheiten der Zeit und des Subjekts in Figuren der Reinkarnation. In zahlreichen Kulturen und Religionen treffen wir auf den Gedanken der Seelenwanderung – Metempsychose, Reinkarnation, Wiedergeburt –, dem zufolge eine Seele nach dem Tod sich in einem anderen Lebewesen verkörpert, ein Selbst als eine andere Person, in einer anderen Gestalt, zu einer anderen Zeit wiederkehrt. Solche Vorstellungen sind in Weltreligionen wie dem Hinduismus und dem Buddhismus, auch in Naturreligionen verbreitet, aber ebenso in platonischen Mythen gegenwärtig, teils verbunden mit der Erlösungsvision einer Befreiung aus dem »leidbeschwerten, mühevollen Zyklus« der Wiedergeburten.[21] Desgleichen finden sie sich in altgriechisch-orphischen Mysterienkulten, prominent in Gestalt des Pythagoras, von dem berichtet wird, dass er mehrere seiner früheren Existenzen kannte und auch andere Menschen, denen er begegnete, an ihre früheren Leben, »bevor ihre Seele in ihrem heutigen Leibe gefesselt wurde«, erinnert habe.[22] Es ist an dieser Stelle nicht auf diese hochdifferenzierten, bedeutsamen Traditionen einzugehen, sondern in einem engeren Rahmen auf empirische psychologische Forschungen zu verweisen, die analoge Phänomene namentlich bei Kindern erforscht haben und die erlauben, das strukturelle Geflecht zwischen anderen Zeiten und anderen Personen in prägnanten Realisierungen zu vergegenwärtigen. Im Phänomenkreis der Reinkarnation finden sich transtemporale und transpersonale Verlagerungen in radikalster Form überlagert und ineinander verwoben. Über die empathische Solidarität mit anderen Menschen hinaus geht es hier um die reale, erlebte beziehungsweise erinnerte Teilhabe am Leben Anderer bis hin zur Stellvertretung der Subjektfunktion in einem fremden Leben und einer anderen Zeit. Es geht nicht nur um eine intentionale oder ethische Bezugnahme auf eine fremde Lebenszeit, sondern gleichsam um die Substitution der Stellung des Selbst in der Lebensführung und Zeiterfahrung des Anderen von innen heraus, als genuines Subjekt dieses anderen Lebens und seiner Zeit.

Stellvertretend sei die Studie von Heiner Schwenke *Die Leben der Anderen. Reinkarnation als Fehldeutung von Erfahrungen frü-*

herer Leben[23] angeführt, die ihrerseits weitere Forschungsliteratur zur Sprache bringt. Sie stützt sich auf empirische Fallstudien mit über 1700 dokumentierten Erzählungen von Kindern über Erinnerungen an frühere Leben, in denen in zahlreichen Fällen zugleich Identifikationen mit anderen, bekannten oder unbekannten Personen stattfinden und Selbstbeschreibungen zwischen Außen- und Innenperspektive, zwischen dem Rückblick auf eigenes Erleben und der Teilhabe an fremdem Erleben alternieren. Es sind für das Alltagsverständnis erstaunliche, irritierende Erfahrungen, die nach dem Zeugnis der Forschung keineswegs so selten sind, wie meist angenommen wird, und die mit Berichten über außergewöhnliche psychische Zustände verwandt sind, wie sie in Traum, Hypnose, Telepathie, medialen Kontakten oder auch in Nahtoderfahrungen erlebt werden. Auch emphatische Déjà-vu-Erlebnisse können sich solchen Transpositionen in der Zeit annähern. Der Untertitel von Schwenkes Studie steht für die Deutungshypothese des Autors, der zwar die Existenz und existentielle Relevanz ›transzendenter‹ Erfahrungen durchaus unterstreicht, doch die berichteten Phänomene nicht als eigentliche Reinkarnationserlebnisse, als Fälle authentischen Erinnerns und Wiedererlebens beglaubigen will, sondern in ihnen allenfalls Zeugnisse der Partizipation an einem allgemeinen, mit anderen geteilten Bewusstsein, gegebenenfalls Wirkungen des Einflusses verstorbener, vom Wunsch nach Reinkarnation geleiteter Personen sieht.[24] Unabhängig von solchen problematisierenden Bedenken steht für Schwenke außer Frage, dass sich in diesen wie verwandten Erlebnissen die fundamentale Verbundenheit des individuellen Lebens mit dem Leben anderer bezeugt. Wenn wir diese Gemeinsamkeit mit der diachronen Struktur der Erfahrung und der Erinnerung eines singulären Erlebensraums verknüpfen, resultieren signifikante Verflechtungen zwischen der Eigenzeit und der Zeit Anderer. Für Menschen, die solche Erfahrungen beziehungsweise die ihnen entsprechenden kulturellen Vorstellungen teilen, stehen sie für authentische Erlebensformen, in denen die Zeit des Anderen zum integrativen Moment des eigenen Lebens und der eigenen Zeit wird. Sie können, auch wenn sie nicht im Wortsinn in die phänomenologische Analyse der Zeit des Anderen aufgenommen werden, in deren Horizont exemplarisch-illustrierende Funktion haben.

9.4 Das zeitliche Selbst vom Anderen her

Das Selbstsein entfaltet sich in einem zweifachen Horizont, im Horizont der Zeitlichkeit und im Raum der Sozialität. Es gewinnt sein Profil auf der einen Seite in der Spanne zwischen Vergangenheit und Zukunft, im Nahhorizont zwischen Retention und Protention, im weiteren Ausgriff zwischen Erinnerung, Entwurf und Erwartung. Phänomenologie und Existenzphilosophie erkunden die vielfältigen Formen, in denen Menschen in den Rastern und Dimensionen der Zeit ihr Leben führen und ihre Identität ausbilden; Geschichts- und Kulturwissenschaften untersuchen individuelle und soziale Lebenszusammenhänge im Horizont des historischen Gedächtnisses und der zukunftsgerichteten Gestaltung. Auf der anderen Seite hat sich das Selbst als eines gezeigt, das nicht solipsistisch aus sich kommt, sondern das vom Anderen her und im tätigen Bezug zu Anderen seine Existenz vollzieht und zu sich kommt. Es geht im Folgenden darum, beide Horizonte zu verschränken und in ihrer wechselseitigen Verweisung zu explizieren. Es gilt zu zeigen, inwiefern wir zusammen mit Anderen und vom Anderen her als zeitliche Wesen existieren und wie wir aus der Zeit heraus uns zum Anderen verhalten. Idealtypisch findet sich die zweifache Dimension im Gegensatz zwischen Heidegger und Levinas ausgeführt, einerseits in der Erschlossenheit des Selbst aus seiner Herkunft und seinen Möglichkeiten, aus der belastenden wie fördernden Vergangenheit und dem existentiellen Entwurf, andererseits in der Selbstwerdung des Menschen aus der Begegnung mit dem Anderen, die sich ihrerseits in der zweifachen Zeitekstase, im Verhältnis zu einem je zurückliegenden, uneinholbaren Vergangenen und im Ausgriff auf ein Kommendes und Neues realisiert.

Dialogische Denker haben die zweifache Orientierung an der Zeitlichkeit und an der Sozialität mit Nachdruck betont, exemplarisch Franz Rosenzweig in dem von ihm postulierten ›Neuen Denken‹, das nach der Formulierung von Bernard Casper die Kerneinsicht birgt, dass ich, »um wirklich zu sein, des Anderen wie der Zeit« bedarf.[25] Beides ist für die menschliche Existenz gleichermaßen grundlegend, das Sein in der Zeit und das Sein mit Anderen, und dies so, dass beides nicht einfach zwei nebeneinander stehende Attribute, sondern zwei wesenhaft miteinander verbundene, aufeinander verweisende Bestimmungen des Menschseins sind. Ihre Verflechtung manifestiert sich in bedeutsamen lebensweltlichen Konstellationen. Aus psychoanalytischer Warte weist André Green darauf hin, dass der Rhythmus und die Gestalt des individuellen Zeiterlebens nicht einfach dem internen psychischen Primärprozess im Wechsel von Lust und Unlust entstammen, sondern zugleich aus den Objektbeziehungen und den Zeitsequenzen resultieren, denen Andere in ihrem Handeln und Erleben Struktur geben und Sinn verleihen; ja, er sieht im kindlichen Erleben der An- und Abwesenheit der Mutter mit seiner schwankenden affektiven Besetzung geradezu einen Ursprungsort von Zeiterfahrung überhaupt.[26] Jenseits des dyadischen Verhältnisses lässt sich im Rahmen der Generationenkette ein analoges, plurales Wechselspiel von privater und öffentlicher, innerer und äußerer Zeit ausmachen, in welchem Vorfahren und Nachkommen an einer sozialen Gemeinsamkeit und temporalen Kontinuität zugleich partizipieren. Soziale Akte des Vorangehens und Sich-Zurückwendens, des Wartens, des Zeitschenkens und Zusammenkommens mit Anderen verkörpern Figuren der Verflechtung zwischen Zeitlichkeit und Andersheit. In großer Diversität kennt die persönliche wie die soziale Lebenswelt Formen ihrer Durchdringung.

Im Folgenden ist diese Verflechtung näher ins Auge zu fassen, indem sie in ihre dimensionalen Erstreckungen auseinandergelegt und in ihrem genuinen Verhältnis zu Vergangenheit, Gegenwart und Zukunft erkundet wird.

10. Gegenwart und Sein mit dem Anderen

Die Zeit des Anderen ist eine andere in den unterschiedlichen Zeitdimensionen. Sie ist keine monolithische Größe, sondern spezifiziert sich je nachdem, ob sie uns im rückblickenden Gedächtnis, im aktuellen Erleben oder im erwartenden Ausblick begegnet. Mit der Diversifizierung verbindet sich die Frage nach der Gewichtung – die Frage, ob die Andersheit der Zeit in einer dieser Dimensionen in ursprünglichster, aufschlussreichster Weise zum Tragen kommt, ob sie originär mit einer der Zeitekstasen verwoben ist. Die generelle Frage nach dem Primat einer der Zeitdimension in der Existenz, etwa nach dem Vorrang der Zukunft, der Herrschaft des Vergangenen, der Ursprünglichkeit der Gegenwart, wird im Blick auf die Zeit des Anderen in einer spezifischen Abwandlung gestellt. Gleichzeitig steht die Gewichtung vor dem Hintergrund der wechselnden lebensweltlichen Bedeutsamkeit, der positiven oder negativen Vorzeichen sowohl der dimensionalen Prägung wie der Bezogenheit auf den Anderen. Es ist gewissermaßen eine Auffächerung, in welcher drei Faktoren des Zeitlichen in unterschiedlichen Konstellationen kombiniert werden, die dimensionale Ausrichtung, die existentielle Wertung und die Bezogenheit auf Andere. Die Zeit des Anderen kann als Bedrohung wie als Gnade, die Zukunft kann als Einsamkeit wie als Dialog, die Gegenwart kann als Fülle oder Leere, als Schließung oder Öffnung erlebt werden. Um in die schillernde Vielfalt dieser Konstellationen einzudringen, bietet es sich an, sich am Leitfaden der drei Dimensionen der Zeit, der Gegenwart, Vergangenheit und Zukunft, zu orientieren und sukzessiv in deren Bereichen den Verästelungen der temporalen Andersheit nachzugehen.

Ein naheliegender Ausgangspunkt ist die Gegenwart. Wir leben im Hier und Jetzt. Darin liegt nicht nur eine bestimmte Lokalisierung im Horizont der Zeiten, sondern eine genuine, eigene Qualität des temporalen Seins. Im Spiel ist nicht nur das Wann des Jetzt zwischen Gestern und Morgen, sondern das Wie des aktuellen Seins und Erlebens. Zu den Qualitäten des Gegenwärtig-Seins gehören die Präsenz im Gegensatz zur Abwesenheit des Vergangenen und Kommenden, das erfüllte, stabile Sein im Gegensatz zur Flüchtigkeit des Vergehens, die Selbstpräsenz im Gegensatz zum Zerfallen und Sich-Entzogensein. Die Eigenschaften des Gegenwärtig-Seins gewinnen im Horizont des Mit-Seins mit Anderen spezifische, in ihrer existentiellen Bedeutung schillernde Konturen.

10.1 Geschenkte Zeit

In der affirmativen Version ist die Gegenwart eine durch Andere gewährte und getragene. Wir leben in der Zeit des Anderen. Wir existieren zeitlich gemeinsam mit Anderen und durch Andere, wir leben im Raum Anderer, die uns vorausgehen und uns die Zeit eröffnen, wir sind dank Anderen, die uns entgegenkommen und uns Zeit schenken. Die Gegenwart, in der wir leben und die den nächstliegenden Horizont unseres Wahrnehmens und Verhaltens bildet, ist nicht nur die unsere. Auch wenn die transzendentale Reflexion und die phänomenologische Beschreibung vom Zeitfeld ausgehen, wie es sich mit Bezug auf das individuelle Ich darbietet, vom Ich her fokussiert und strukturiert wird, ist die konstitutive Öffnung der Zeit nicht eine nur aus dem Ich kommende und durch das Ich geleistete. Kant bestimmt die Zeit als Form des inneren Sinns, d.h. der Art und Weise, wie Vorstellungen in ihrem Nacheinander im subjektiven Auffassen auftreten und sich verknüpfen; doch liegt sie als solche zugleich der äußeren, räumlichen Anschauung zugrunde und öffnet sich auf eine Welt, die nicht nur meine innere und nicht nur die eigene ist. In existentieller Sicht bin ich je schon in eine ›Mitwelt‹ hineingeboren, lebe ich gemeinsam mit anderen und bewege mich in einer Umgebung, die ihr Gesicht ebenso durch das Dasein und die Initiative Anderer erhält. Dies gilt in einem besonderen Sinne für das Gefäß und die Gestaltung der Zeit.

Wie Andere die Zeit erleben und ihr Form geben, wenn sie ruhig und gelassen sind oder umtriebig und ungeduldig agieren, wenn sie Pläne für die Zukunft schmieden oder nostalgisch der Vergangenheit nachhängen, wenn sie sich langweilen oder gehetzt ihren Aufgaben nacheilen, all dies bleibt meinem eigenen Zeiterleben nicht äußerlich und fremd. Es färbt auf dieses ab, es trägt zur Enge und Weite, zur Kompaktheit und Zerstreuung meiner eigenen Zeiträume, zum Stocken oder Fließen meiner Zeit bei. Es ist nicht einfach, den eigenen Rhythmus im Tun und Erleben zu finden und zu erhalten im Verkehr mit Mitmenschen, deren Leben einem ganz anderen Maß und Tempo unterliegt, in einer Umwelt, die mir in der Arbeit, auch in der Freizeit, ihren Takt vorgibt. Wie sich meine Lebenswelt in ihren inhaltlichen Präferenzen, in Stimmungen und Vorurteilen mit dem Leben anderer Menschen durchdringt, so berühren und infizieren sich unsere Weisen, Zeit zu erfahren und Zeit zu gestalten. Nicht erst in der qualitativen Spezifizierung, schon in der Konstitution, der Öffnung der Zeit manifestiert sich die Vorgängigkeit des Anderen. Auch wenn sich das je individuelle Zeiterleben in struktureller Hinsicht unhintergehbar im Ich entfaltet, artikuliert es sich genetisch in Abhängigkeit von einer Stiftung der Zeit durch Andere. Das Kleinkind wächst in die Zeit hinein, die Andere für es aufgemacht, mit Erwartungen und Erinnerungen versehen, als Gegenwart aufgespannt haben. Auch zwischen Erwachsenen, die gleichermaßen an der Bildung des geteilten Zeitraums mitwirken, finden im konkreten Zusammenleben Formen des Vorausgehens und Entgegenkommens, des Sichöffnens der Zeit durch den Anderen und der Zeit des Anderen statt. Der Andere kann mir Zeit lassen, er kann mir eine Frist gewähren, er kann mir seine Zeit schenken. Wir sind auf Derridas Beschreibung gestoßen, die das Geben von Zeit als das ursprünglichste, größte Geschenk zwischen Menschen bezeichnet, dessen Fundamentalität nicht dadurch widerrufen wird, dass keiner die Zeit zu eigen hat.[1] Das Hineinkommen in die Zeit über den Anderen, das In-der-Zeit-Sein mit Anderen, das wechselseitige Sich-Zeit-Geben und In-die-Zeit-Aufnehmen sind fundamentale Modalitäten, wie sich menschliches Leben in seiner ursprünglichen Sozialität entfaltet. Keiner ist nur für sich und durch sich allein. Das Sein mit Anderen und vom Anderen her ist ein irreduzibler Grund und eine Ressource des Selbstseins, und es vollzieht sich in eminenter Weise in der Gegenwärtigkeit, in welcher Menschen bei sich sind und ihr Leben führen. Die erfüllte, lebendige Gegenwart, Signum des wahrhaften Seins, kommt nicht nur aus dem Selbst.

10.2 Entfremdete Zeit

Indessen ist die Gegenwart nicht nur Medium des erfüllten Seins; desgleichen ist das Sein vom Anderen her nicht nur Fundament der Entfaltung des Selbst. Beides kann in gegenteiligen Figuren aufdringlich erfahren werden. Die Herrschaft der Zeit hat sich auch als eine Fremdherrschaft gezeigt, in welcher das Leben unterdrückt, beschädigt wird, und die Erfahrung des Anderen wird in profilierten Figuren als Einschränkung und Feindseligkeit wahrgenommen. Ja, in gewisser Hinsicht wird beides zunächst originär in negativer Gestalt, im Zeichen der Fremdheit, ansichtig, wobei sich die Fremdheit der Zeit und die des Anderen in unterschiedlicher Weise verschränken.

Menschen leiden unter der leeren, der toten Zeit, in welcher kein lebendiges Geschehen und Erleben stattfindet. Doch ebenso leiden sie unter der fliehenden, entgleitenden Zeit, in welcher nichts feste Form gewinnt, wir nichts festhalten können. Sie leiden unter der verfestigten, eingefrorenen wie unter der zersplitterten, sich verflüchtigenden Zeit, unter dem Zeitmangel in der Dringlichkeit der Aufgaben wie unter dem Überfluss der Zeit in der ziel- und antriebslosen Leere. Sie leiden unter der abhanden gekommenen wie unter der uns bedrängenden Zeit, unter dem Verlust wie der Last der Zeit. In all diesen Konstellationen stehen Weisen des Zeiterlebens der Lebensdynamik hinderlich entgegen, erschweren oder verunmöglichen sie den normalen Gang des Tätigseins und Erlebens. Erfahrungen wie die genannten wirken sich in Störungen der Gegenwärtigkeit aus, sie desintegrieren das Beisichsein, die Sammlung im Jetzt und lähmen das lebendige Unterwegssein. Sie können spezifisch mit Erfahrungen der Andersheit, mit der Zeit des Anderen und der fremden Zeit verknüpft sein.

Der andere Mensch ist nicht nur einer, der mir Zeit schenkt. Er kann mir Zeit stehlen, meine Zeit aushöhlen. Er kann mir seine eigene Zeit aufoktroyieren, mich nicht zu Wort kommen lassen, mir seinen Arbeits- und Lebensrhythmus aufdrängen, aber auch die Diffusität, Zersplitterung oder Starre seiner Eigenzeit in meine Lebenswelt ausstrahlen lassen, meine Initiative unterdrücken, die Bewegtheit meines Lebens infizieren. Es liegt auf der Hand, dass das Eindringen in die temporale Tiefenstruktur einer fremden

Lebenswelt vielfach mit handfesten Herrschafts- und Machtverhältnissen assoziiert ist. Karl Marx hat den Zwang der getakteten, beschleunigten Fließbandarbeit und den Kampf um die Länge des Arbeitstags in der kapitalistischen Industrialisierung drastisch beschrieben. Zeitverhältnisse sind ein essentieller Bestandteil des individuellen und sozialen Lebens und bilden einen naheliegenden Gegenstand im Kampf der Mächte. Natürlich gibt es das Geprägtsein der Zeit durch Andere nicht nur in solchen konfliktuösen, mit Unterdrückung und Leiden einhergehenden Gestalten. Der Violinspieler, der nach Vorgaben des Dirigenten musiziert, nimmt an einer Gesamtrhythmik des Orchesters teil, in welcher sein eigenes Spielen aufgehen und sich erfüllen, den eigenen Ton finden kann. Ohnehin gehört ein unübersehbares Maß an Akkordanz und Synchronisierung zum Normalduktus des Zusammenlebens mit Anderen, vom Sein zu zweit über das Leben in der Gruppe zur umfassenden Teilhabe an gesellschaftlichen Zuständen und geschichtlichen Prozessen. Doch gibt es schleichende Übergänge und oszillierende Diffusionen zwischen dem Getragensein und dem Eingeengt- und Unterdrücktwerden durch das fremde Zeitmaß, zwischen dem Geborgensein und dem Exil in der Zeit des Anderen. Gegenwärtigkeit im Zeichen des Anderen kann für ein volles Sein, eine erfüllte Selbstpräsenz stehen oder den Makel der Leere und Lähmung, des Zwangs und der Unbeweglichkeit an sich tragen. Solcher Verfall der lebendigen Zeit kann sowohl der inneren Aushöhlung und Zersetzung wie der äußeren Repression und Destruktion, der Überwältigung durch die Zeit des Anderen entstammen.

Dabei ist die Konfrontation mit Andersheit nicht auf die personalisierbare – individuelle oder kollektive – Alterität beschränkt. Die fremde, andere Zeit, in der ich nicht bei mir bin und nicht mein Sein entfalte, ist auch die der anonymen Andersheit, der Objektivität und Äußerlichkeit der sozialen Mechanismen und historischen Prozesse. Die Automatik, Leere oder Zwanghaftigkeit, die Ereignis- und Geschichtslosigkeit kann zur Signatur eines Zeitalters oder einer Gesellschaft werden. »Seinesgleichen geschieht« – so lautet der sprechende Titel, den Robert Musil dem mittleren Teil seines Epochenromans *Der Mann ohne Eigenschaften* gegeben hat.[2] Dass nur Seinesgleichen geschieht, nichts Neues, Wichtiges,

Bewegendes sich ereignet, bezeichnet den Makel einer sterbenden, verfallenden, sich mechanisch reproduzierenden Zeit. Mit der mythischen Figur der Wiederkehr des Gleichen charakterisieren Horkheimer und Adorno die Zwanghaftigkeit der durch die kapitalistisch-bürgerliche Zivilisation regulierten Lebensform.[3] Die Unentrinnbarkeit des Schicksals, dessen Bann sich über die Generationen vererbt, erscheint als Analogon der von der Psychoanalyse beschriebenen Zwangshandlung, in welcher ein unfreies Agieren anstelle der befreienden Erinnerung das Vergangene zwanghaft wiederkehren lässt.[4] Die tautologische Reproduktion steht für eine Pervertierung der lebendigen Zeit – der Zeit als Gestalt des Lebens – zur lebensfremden, lebensfeindlichen Prozessform. Mit Bezug auf die Gegenwart äußert sich der Verfall nicht zuletzt in deren Abspaltung von den mit ihr verwobenen Ekstasen des Gewesenen und des Kommenden. Die erstarrte, entleerte Gegenwart ist ohne Vergangenheit und ohne Zukunft. Die Atrophie der Erinnerung, die Ohnmacht der Phantasie verhüllen den zweifachen Horizont, in welchem das lebendig Gegenwärtige, die Gegenwart als Nukleus des Lebens Wirklichkeit gewinnt.

Nicht nur in der Extremform zwanghafter Zyklik, auch in anderen Transformationen der Zeitform werden Entfremdungseffekte diagnostiziert. Generell gilt die Beschleunigung als Kennzeichen der Moderne, historiographisch festgestellt etwa an der Verkürzung der Reproduktions- und Verfallsfristen kultureller und technischer Neuerungen, der kumulierten Zunahme von Druckerzeugnissen, der Explosion der medialen Techniken und Praktiken.[5] Nicht erst im Taumel aktueller Innovationen, schon im 19. Jahrhundert werden Wahrnehmungen registriert, die beispielsweise die gesteigerte Geschwindigkeit der Eisenbahn, jenseits von Fußreise und Kutschenfahrt, als unheimlich und angstauslösend, ja krankmachend beschreiben. Generell auf dem Spiel steht im zivilisatorischen Prozess das Fremd- und Äußerlichwerden der Zeit, das Sich-selbst-Fremdwerden des Menschen im verselbständigten Wandel und Nicht-mehr-Mitkommen mit Neuerungen, aber auch das Nicht-Assimilieren-Können des mechanisch-monotonen Weitergehens in die natürliche Rhythmik des Handelns und affektiven Erlebens. Zur Bewegtheit des Lebendigen gehören Verzögerungen und Verdichtungen, Phasen der Beruhigung und der Hast, und das Fremdwerden der gegenständlich-äußerlichen Prozessualität bedeutet auch eine Aushöhlung der individuellen, je einzigartigen Zeitform des Lebens. Gegenwart kann dann nicht zur erlebten Selbstpräsenz in der Zeit werden, sondern zerfällt zum äußerlichen, zeitfremden Fluidum. Die Tendenz zu solcher Negativierung des Zeiterlebens ist nicht nur in zivilisatorischen Phänomenen der Gegenwart, sondern ebenso in Formen des pathologischen Verfalls auszumachen. Sie ist in der anthropologischen Natur des Menschen wie in der Realität der Geschichte angelegt. Sie bildet ein Extrem im Spannungsbogen der Erfahrung der Zeit im Zeichen des Anderen.

11. Vergangenheit und Andersheit

11.1 Solidarische Erinnerung

Wenn wir nach der Gegenwart die Vergangenheit in den Blick nehmen, gehen wir erneut, in anderer Weise, von einem Ersten, einem Ursprung aus. Die Gegenwärtigkeit markierte einen Ausgangspunkt, sofern in ihr das In-der-Zeit-Sein des Menschen in unmittelbarster, allgemeinster Weise in den Blick kommt. Auf der Gegenseite wird die Zukunft einen Abschlusspunkt bilden, in welchem das Sein durch den Anderen in eindringlichster Gestalt, zugleich im umfassendsten Horizont zur Sprache kommt. Dazwischen ist die Vergangenheit nicht nur ein intermediäres Drittes. Sie ist gewissermaßen ein zweiter Anfang, in welchem das temporale Sein neu ergründet, von seinem Grund her gefasst wird, und sie erweist sich gleichzeitig als eine Dimension, die im Innersten sowohl mit der Gegenwart wie mit der Vergangenheit verflochten ist. Sie soll im Folgenden für sich wie in dieser zweifachen Bezogenheit im Horizont der Andersheit – vom Anderen her und mit Bezug auf die Zeit des Anderen – zur Sprache kommen.

Wenn das Vergangene originär Gegenstand der Erinnerung ist, so stellt sich unmittelbar die Frage, um wessen Vergangenheit und um wessen Erinnerung es sich handelt. Wer ist das Subjekt des Erinnerns, und worauf geht die Erinnerung? Implizit oder explizit stehen Theorien der Memoria vor dieser Frage und der mit ihr aufgespannten Alternative. Mehrere Optionen sind hier virulent: zwischen dem individuellen und dem kollektiven Gedächtnis, der singulären und der pluralen Erinnerung, der eigenen und der fremden Vergangenheit. Dabei geht es nicht nur um neutrale kognitive Erweiterungen oder Verschiebungen, sondern je nachdem auch um Verengungen, Vereinnahmungen und Verfälschungen. Im Horizont der historischen Identität kann der politische Streit um die richtige Vergangenheitsaneignung als Kampf um eine plurale Erinnerung gegen deren monopolistisch-identitäre Verhärtung ausgetragen werden.[1] Dem steht die Aufnahme der Zeit des Anderen in die eigene Memoria als Gegenpol gegenüber.

Ein klassischer Prototyp der Erinnerung ist der innere Blick der rückwärtsgewandten Introspektion. Er tritt ein in die ›weiten Hallen des Gedächtnisses‹ (Augustinus) und gilt dem früher Erlebten, dem selbst Wahrgenommenen, der eigenen Herkunft. Darauf heben Konzepte ab, welche das Sich-Erinnern wörtlich auslegen und als Rückbezug auf ein früheres, subjektives Erleben begreifen, gegebenenfalls auf das Erinnern des Individuums beschränken. Indessen ist diese auch von prominenten Stimmen vertretene Sichtweise[2] nicht alternativlos. Im Gegenzug zu der dem »landläufigen Erinnerungsbegriff« zugrundeliegenden psychologisierenden Orientierung am Wieder-Erleben früherer Taten und Erlebnisse betont Michael Theunissen die Bedeutung einer Erinnerung, die ebenso auf das dem subjektiven Bewusstsein Unverfügbare, ihm Fremde und Vorausliegende gerichtet ist.[3] Dies kann die Vergangenheit Anderer, die kollektive Geschichte, das Leben der Vorfahren, die Erfahrung Fremder sein. Die subjektive Rückwendung zu einem selbst Erlebten, das sich im Prinzip transparent vergegenwärtigen lässt, ist *eine* idealtypische Form, nicht das Ganze der Reminiszenz. Auch das Gedenken, welches den Taten oder der Leidensgeschichte Anderer gewidmet ist, kann Teil einer authentischen Gedächtniskultur sein, die nicht nur den narrativen Fundus eines Kollektivs, sondern auch den Boden einer individuellen Selbstvergewisserung und Verortung ausmacht. Wesentlich ist die Erfahrung, dass auch die fremde Geschichte mich betrifft, dass sie zu mir gehört, den Zeitraum meiner Existenz mit ausfüllt. Sie kann mir nicht nur als äußerliche, gleichsam ergänzende Lebenssphäre zukommen, sondern mich in meinem Innersten berühren, mit meinem wesentlichen Selbstsein verschränkt sein. Nicht nur im Selbstverhältnis, auch im Verhältnis zum Anderen schafft die Begegnung mit dem Vergangenen eine spezifische Ausweitung, Bereicherung meines Seins in der Zeit. Sie kann zunächst im Umkreis der Nächsten, Vertrauten stattfinden, mit denen ich eine Lebenswelt teile, und sich dann auf den umfassenderen Horizont der fernen und fremden Anderen erweitern.[4] Die Ausweitung über die selbstbezogene Koinzidenz von Innerlichkeit und Erinnerung hinaus ereignet sich in verschiedenen Modalitäten.

Ein Grundmodus ist die gemeinsame Erinnerung. Wie die geteilte Aufmerksamkeit generell eine Basis des sozialen Lebens und Zugehens auf die Welt bildet, so ist das Teilen von Erinnerungen eine Grundform, sich auf eine Vergangenheit zu beziehen, die nicht nur die eigene ist. Im gemeinsamen Erinnern teile ich mit Anderen Bilder vom Gewesenen, von Ereignissen und Erlebnissen, von Orten und Menschen, mit denen auch andere vertraut waren und von denen auch sie Erinnerungen in sich tragen. Es ist eine spezielle Art der Reminiszenz, wenn ich mich erzählend an jemanden wende, der an einer Unternehmung beteiligt war oder vergleichbare Erfahrungen wie ich durchgemacht hat, wenn eine Gedenkveranstaltung im Kreis der Angehörigen eines Verstorbenen oder gemeinsam mit Personen, die eine bestimmte Geschichte, vielleicht einen Krieg, ein Exil erlebt haben, durchgeführt wird. Und doch zeigt sich, dass in solchen Fällen keine starre Eingrenzung auf Menschen, die jemanden persönlich gekannt oder ein Ereignis selbst erlebt haben, stattfindet. Zwischen Zeitzeugen, indirekt Beteiligten und historisch Interessierten können fließende Übergänge und authentische Gemeinsamkeiten bestehen. Auch die Vergangenheit Anderer, Verstorbener und Fremder, kann in den Raum meines Lebens eingehen, zum Teil meiner Zeit werden. Auch wenn das bewusstseinsmäßige Privileg der Erlebnisse erster Person, des Zugangs zum selbst Erfahrenen nicht in Frage steht, stellt die Beschränkung des Erinnerns auf die personale, gegebenenfalls kollektive Eigensphäre eine künstliche Grenzziehung dar – zumal eine, die durch die ebenso gewichtige Beziehung zur Vergangenheit Anderer zu ergänzen, zu ihr in ein Verhältnis zu setzen ist. Geteilte Erinnerung kann auch eine Vergangenheit betreffen, die nicht die eigene, im strengen Sinne keine geteilte, aber doch in anderer Hinsicht eine gemeinsame Vergangenheit ist, die uns alle, auch uns gemeinsam, betrifft. Die Familiengeschichte, die ich mit Eltern und Kindern, mit jüngeren und älteren Verwandten teile, ist ein exemplarischer Fall solcher graduell variierender Zugehörigkeit zu einem gemeinsamen Vergangenen.

Die allgemeine Dimension der geteilten Erinnerung ist zu ergänzen durch spezielle Formen, in denen wir an einer nicht unmittelbar verfügbaren, nicht direkt zu vergegenwärtigenden Geschichte teilhaben, in denen wir, mit Bezug auf die eigene wie die fremde

Zeit, die Grenzen des selbstbezüglich-transparenten Gedächtnisses überschreiten. Zur Diskussion stehen einerseits das Fremde in uns selbst, der dunkle Fleck im Bewusstsein, das unbewältigte Vergangene und die ins Unbewusste abgedrängten Zonen des Erlebens, die zur Sprache zu bringen besonderer Anstrengungen und Umwege, gegebenenfalls bestimmter Techniken – des analytischen Gesprächs, der kritischen Rekonstruktion – bedarf. Auch die eigene Lebensgeschichte ist dem Individuum nicht ohne Weiteres zugänglich, nicht umstandslos in Präsenz zu überführen und narrativ anzueignen. Andererseits geht es um die fremde Geschichte, die Geschichte Anderer, die ihrerseits Unbewältigtes, Unabgegoltenes in sich tragen kann, das sich der direkten Versprachlichung entzieht – zunächst der Versprachlichung durch die ›Subjekte‹ der Geschichte, die Täter, die Betroffenen und die Opfer, dann aber auch durch die Nachkommen, die Zeugen und die Berichterstatter in der historiographischen Rückschau. Dabei können sich die externe und interne Intransparenz wechselseitig steigern. Wer mit seiner Geschichte nicht zurechtkommt, dem kann die dem Anderen entzogene Vergangenheit erst recht unzugänglich bleiben. Zugleich aber gibt es auch hier Wege und Umwege, auf denen Vergangenes der Repräsentation zugänglich gemacht, verstehend erschlossen und im Idealfall den betroffenen Subjekten zurückerstattet werden kann. Wichtige Werke der Literatur der vergangenen Jahrzehnte sind der Auseinandersetzung mit den Schreckenserfahrungen totalitärer Herrschaft gewidmet, den namenlosen, stummen Opfern von Unrecht und Gewalt zugeeignet, denen die stellvertretende Erinnerung durch Andere die verlorene Geschichte, ja, die eigene Sprache wiedergeben soll. Historie im Zeichen des Leidensgedächtnisses ist eine profilierte Figur des Widerstands gegen die Sprachlosigkeit, des Kampfs um die Erinnerung.[5] Im Selbst- wie im Fremdverhältnis geht es um die Wiedergewinnung eines Vergangenen, das nicht nur dem späteren Bewusstsein verdeckt ist, sondern das teils sich selbst entzogen, für sich selbst stumm und dunkel, nicht präsent war – entsprechend der bei verschiedenen Autoren wiederkehrenden Formel eines »Vergangenen, das nie gegenwärtig gewesen ist«.[6] Doch auch dieser Entzug bleibt nicht das letzte Wort. Zum Ethos der Gedächtniskultur gehört es, auch die zunächst verschlossene, unterdrückte Vergangenheit auf den Wegen des Erinnerns als integrativen Teil des Lebens zurückzugewinnen, sie zur Bestimmung des lebendigen In-der-Zeit-Seins werden zu lassen.

In all diesen Figuren kommt der Andersheit in Gestalt der fremden Assistenz, der solidarischen Hilfe, des ärztlichen Beistands ein besonderes Gewicht zu. Adornos Anweisung, »Leiden beredt werden zu lassen«, ist eine der emphatischsten Formulierungen des Anliegens, nicht nur die Abgründe der Geschichte historiographisch zu dokumentieren, sondern dem Leiden selbst zum Ausdruck zu verhelfen, den zur Stummheit verurteilten Opfern selbst die Sprache zurückzugeben.[7] Der Satz lässt sich als Leitmotiv der kritischen Historie wie der dem Leidensgedächtnis zugewandten Literatur lesen. In einer besonderen Prägnanz definiert er einen Impuls des psychoanalytischen Gesprächs und der Kommunikation des Unbewussten, die Joachim Küchenhoff dahingehend beschreibt, dass mit Hilfe des Anderen und der »substitutiven« Erinnerung des Analytikers »die verschüttete, unbewusst gebliebene Vergangenheit aus der Erlebnis-Gegenwart gleichsam herausgetrieben« wird.[8] Dass die Zuordnung des Zeiterlebens, des Erinnerns und Erwartens zur bestimmten, singulären Person keine Selbstverständlichkeit ist, wird in besonderer Weise in transgenerationellen Traumata anschaulich, in denen »unabgegoltene Erfahrungen auch zwischen Menschen und Generationen zirkulieren können« und Subjekte sich introjektiv etwas zuschreiben, das weder der eigenen Intention noch dem eigenen Begehren oder der eigenen Schuld zugerechnet werden kann.[9] In einem anderen Modus kann die stellvertretende Erinnerung in der Begleitung von Demenzkranken stattfinden, die durch den Beistand Dritter mit eigenen früheren Erlebnissen in Berührung kommen. Immer ist ein Entgegen- und Zuhilfekommen des Anderen im Spiel, das mir die entzogene Zeit eröffnet und zugleich ihren Sinn erfassen lässt, ihre Bedeutsamkeit in meinem Leben mit konstituiert. Prägnant beschreibt Rudolf Bernet im Geiste von Levinas den Prozess, in welchem »der Andere in mein Leben eintritt« und mich nicht nur aus meiner Einsamkeit befreit, »sondern in meinem Leben die Dimension einer Gegenwart, einer Zukunft und einer Vergangenheit öffnet, deren Sinn sich nicht mehr in mir herstellt«, sondern dessen ich nur dank des Anderen und der »anderen Zeit, die mir vom Anderen kommt«, teilhaftig werde. Darin verschränkt sich die radikale Andersheit der nicht in Präsenz zu überführenden Vergangenheit mit der Anerkennung eines Anderen, der die Bedeutung meiner Vergangenheit mit bestimmt, welche in ursprünglichster Weise nicht die meine, sondern »die Vergangenheit des Anderen« ist.[10]

All dies sind teils direkte, teils indirekte Wege, auf denen ich der anderen Zeit teilhaftig werde – der Zeit Anderer, aber auch, vermittels Anderer, der eigenen Zeit, der eigenen Vergangenheit. Jenseits des Umgangs mit dem Unbewussten und der komplexen analytischen Kommunikation wird solcher Austausch in vielfältigen zwischenmenschlichen Beziehungen realisiert, in denen das Ich seine Grenzen und seine Selbstmächtigkeit überschreitet. Ein sprechendes Beispiel ist das Verzeihen, dessen niemand für sich mächtig ist und das zwischen Individuen wie zwischen Völkern (mit Abwandlungen in Formen der Amnestie, der internationalen Rechtssprechung, der Arbeit von Versöhnungskommissionen) stattfinden kann.[11] Wie mir der Andere Zeit schenken kann, so kann er mir im Verzeihen meine Vergangenheit schenken, sie als eine Zeit freigeben, die ich mir in neuer Weise als Teil meines Lebens, jenseits lastender Schuld und lähmender Scham, aneignen kann. In all diesen Verhältnissen werden Facetten einer Zeit des Anderen sichtbar, die dem Selbst nicht antagonistisch entgegensteht, sondern ihm zugute kommt. Es ist eine Zeit des Anderen, die in die Anamnese des Selbst eingeht und zum konstitutiven Teil seines Lebens wird.

11.2 Fremdheit des Vergangenen

Indessen kommt die Zeit des Anderen dem Selbst nicht nur zugute. Die Vergangenheit im Zeichen des Anderen kann zur Last, zur Gegenmacht werden, die das lebendige Selbstsein behindert, es unterdrückt und sich selbst entfremdet. Exemplarisch äußert sich dies in der genannten transgenerationellen Traumatisierung. In ihr kommen in negativer Überlagerung die repressive Macht des Vergangenen, die Fremdheit des Anderen, die sich selbst entzogene Geschichte zum Tragen.

Ein Ausgangspunkt ist die negative Herrschaft des Vergangenen. Wenn nach Theunissen schon die Herrschaft der Zeit als solche sich als feindliche, unterdrückende Macht im menschlichen Leben etabliert[12], so verhärtet sie sich in der Macht des Vergangenen. Dies geschieht dadurch, dass die Vorherrschaft des Vergangenen das Seiende in seinem Gewesensein festschreibt und die Möglichkeit der Erneuerung und des Anderswerdens erschwert, das Potential der Zukünftigkeit untergräbt.[13] Auch die Figuren der zwanghaften Wiederkehr des Gleichen oder der lähmenden Statik sind im Verschließen der Zukunft mit der Vormacht des Gewesenen im Bunde. Generell ist das Motiv der Herrschaft mit dem des Früheren, Schon-Dagewesenen, Ursprünglichen verschwistert, im Begriff der *arche* (Anfang, Ursprung, Herrschaft) vereint und desgleichen mit der Logik der Andersheit verknüpft. Herrschaft ist zuerst Macht über Andere und durch Anderes. Im Spiel ist nicht nur die strukturelle Andersheit der vergangenen Zeit, die dem lebendigen Gegenwärtig-Sein und In-die-Zukunft-Gehen als Einengung und Zwang gegenübertritt, sondern vielfach die personale Alterität: Es sind andere, über mich herrschende Menschen, die die Bedingungen meines Soseins festgelegt, meine Freiheit gefesselt, meine Möglichkeiten zerstört haben. Frühere Weichenstellungen haben die Offenheit des Kommenden verschlossen. Wenn solche Vorgängigkeit des Anderen – als Privileg der Erstgeburt, Vorrang der Alten und Sesshaften, Recht der prima occupatio, Vorsprung des zuerst Gekommenen – zur Normalform des Übervorteilens und Herrschens gehört, so setzt sich die Dominanz des Vergangenen in abgründigerer Weise dort durch, wo dieses nicht in der Verfügung der Herrschenden steht, sondern diesen selbst entzogen ist. Der Fall der weitergegebenen Traumatisierung verkörpert exemplarisch ein unfreiwilliges Tradieren nicht nur der Herrschaft eines Vergangenen, sondern des Beherrschtwerdens durch dieses. Je mehr die Geschichte unerledigt, dem Subjekt entzogen bleibt, desto unerbittlicher äußerst sich ihre Macht.

Die Konstellation scheint wie eine äußerste Form des negativen Vergangenheitsbezugs im Horizont des Anderen. In ihr überlagern sich die Andersheit des Vergangenen für mich und die Fremdheit der Geschichte für den Anderen selbst. Doch kann ein belastendes oder destruktives Verhältnis zum Vergangenen auch in weniger extremen Formen gegeben sein, etwa als ein Entzogensein der Geschichte, das auch meine Gegenwart und Zukunft beschneidet, als

Fremdwerden in einem Vergangenen, in dem ich mich nicht wiederfinde, als Verstrickung in der unerlösten Vergangenheit eines Anderen, als Gefängnis einer Familiengeschichte, als Schuld einer Nationalgeschichte. In alledem kann die Zeit des Anderen, die mich unter positiven Voraussetzungen trägt und bereichert, mich niederdrücken und mich der lebendigen Gegenwart und Zukunft berauben. Von solch lähmender Bedrängnis unterscheidet sich die aufweckende Herausforderung durch eine fremde Vergangenheit, die mich nach Levinas in die Pflicht nimmt und nach meinem Mittragen und solidarischen Erinnern verlangt, wobei er allerdings nicht zögert, auch solches Einstehenmüssen für Andere mit den Konnotationen des Befehls, des Schuldigwerdens, ja, der Geiselhaft zu belegen.[14] Doch ist es ein mir auferlegtes Haften, das mich nicht niederhält und mir selbst entfremdet, sondern das mich in gewisser Weise zu mir selbst kommen lässt und die Begegnung mit dem Anderen ins Licht der Selbstwerdung rückt.

Das Involviertsein in die Zeit des Anderen oszilliert zwischen Unterdrückung und Befreiung. Die fremde Vergangenheit kann als repressive oder versöhnende, destruktive oder heilende Potenz – als überkommene Vormacht, als vererbtes Leiden, aber auch als ursprüngliches Entgegenkommen, als gewährte Gunst – in die Zeitlichkeit meines Lebens eingehen. Aus der Vergangenheit kann mir die Begegnung mit dem Anderen zur Last, aber auch zur Gunst werden. Als solche weist sie zugleich auf die Zukunft, die sich mir im Anderen öffnet.

12. Zukunft im Horizont des Anderen

12.1 Gestohlene, zerstörte, drohende Zukunft

Wie die Vergangenheit, so hat sich die Zukunft in ihrer lebensweltlichen Ambivalenz gezeigt. Mein Verhältnis zum Kommenden kann sowohl im Zeichen der Hoffnung und Freude wie der Gefahr und der Angst stehen. Beide Wertungen und emotionalen Besetzungen können konstitutiv mit den Zeitformen des Kommenden, des Neuen, des Unbekannten verschränkt sein, und beide können in signifikanten Formen im Horizont der Alterität, der Begegnung mit dem Anderen erfahren werden. Die vom Anderen kommende Zukunft kann mir als Bedrohung entgegentreten oder mir zum Heil werden.

Wenn wir mit der negativen Valenz ansetzen, so liegt eine nächstliegende Version in der Konkurrenz der Zeiten, im Konflikt zwischen fremder und eigener Zukunft. Das eingangs genannte Beispiel von Jean Améry, der beschreibt, wie Jugendliche, die nach einem Vortrag des alternden Sartre fröhlich von dannen ziehen, ihm durch ihr bloßes Jungsein und Später-Kommen seine letzten Lebensjahre rauben, ist eine eindrucksvolle Inszenierung der Inegalität, die in nichts anderem als in der Zeitfolge, der Ungleichzeitigkeit der Generationen liegt. In vielen Abwandlungen kann die Rivalität der Lebensalter, der Neid auf die später Geborenen und die ihnen sich öffnende Zukunft erfahren und artikuliert werden. Anders als bei der Verdrängung im Raum, die seit je zum Anlass egoistischer Okkupationen und kriegerischer Auseinandersetzungen geworden ist, geht es hier um eine Abdrängung als unhintergehbares, nicht durch Handeln bewirktes, durch niemanden verschuldetes Geschehen. Die früher Dagewesenen können nicht anders, als – schließlich – in den Hintergrund zu treten, die Späteren nicht anders, als in den Vordergrund zu rücken, die Gegenwart zu vereinnahmen. So unwillkürlich-naturwüchsig sich diese Ablösung vollzieht, so unvermeidlich kann sie mit affektiven

Erlebnissen und praktischen Stellungnahmen versehen sein. Es sind Prozesse, die das Individuum zumal in der Phase des Zurückweichens und Loslassenmüssens im Innersten involvieren, die es möglicherweise gegen sein spontanes Streben, widerwillig vollzieht – vielleicht aber auch einwilligend in das Zu-Ende-Gehen, in die freudige Weitergabe des Lebensraums an Andere.

In negativer Wertung, düsterer Färbung kommt mir die Zukunft des Anderen nicht nur durch ihren Ausschließungseffekt, dadurch, dass sie *ihm* und nicht *mir* gehört, sondern möglicherweise auch durch ihre inhaltliche Prägung, durch die vom Anderen drohende Gefahr entgegen. Zur Unverfügbarkeit kann die Feindseligkeit der unter fremder Herrschaft stehenden Zeit hinzukommen. Doch kann sie mir auch unabhängig von einer feindlichen Prägung zur Belastung werden, indem mich der Andere in die Pflicht nimmt und ich für ihn und seine Zukunft Verantwortung mit zu übernehmen habe. Der basale »Lastcharakter«, der nach Heidegger das menschliche Dasein als solches in seinem nackten »Dass es ist und zu sein hat« kennzeichnet[1], bestimmt in einer erweiterten Fassung das menschliche Sein in seiner unhintergehbaren Sozialität. Die von Levinas genannte Geiselhaft kommt nicht nur aus der Vergangenheit des Anderen, sondern auch aus der ihm und mit ihm bevorstehenden, vielleicht drohenden Zukunft zum Tragen. Nicht nur weil der Andere in die kommende Zeit vorangeht und mich aus ihr abdrängt, nicht nur weil mich sein künftiges Handeln schädigt oder unterdrückt, sondern auch weil die Zukunft für ihn selbst ängstigend und zerstörend sein kann, kann mein Lebenshorizont durch die Zukunft des Anderen belastet, vielleicht eingeengt oder ausgehöhlt werden. Die Lädierung, Zersetzung der fremden Zeit kann auf die eigene Zukunft ausstrahlen.

In all diesen Formen steht meine Zukunft, die Zeitlichkeit meiner Existenz, auf dem Spiel. In Frage steht, wieweit meine Zukunft durch Andere gefördert oder bedrängt, unterstützt oder bedroht wird. Nun ist dieser Problematik gegenüber auch die umgekehrte Perspektive ernst zu nehmen, in welcher es die Zeit des Anderen ist, die durch mein Tun und Lassen in Frage gestellt wird. Es geht um die einleitend angesprochene Konstellation eines Streits um die Zukunft, in welchem nicht der Andere das Leben des Selbst, sondern das Selbst die Zukunft des Anderen gefährdet. Idealtypisch ausgetragen wird der Streit in einem Generationenkonflikt, in welchem die urtümliche Herrschaft des Vergangenen gewissermaßen in die Zukunft verlagert, auf die Vorherrschaft der Gegenwart über das Kommende übertragen wird. Zwischen den Angehörigen der Generationen spitzen sich die Rollen zu. Die Repräsentanten der Mächte der Gegenwart werden schuldig gesprochen, des Diebstahls der Zukunft angeklagt. Im Zeitgefühl der Nachkommenden breitet sich das Leiden aus, der Zukunft beraubt zu sein: Pascal Chabot spricht von einer »afuturalgie«, die sich mit Angst und Entmutigung überlagert, Auswirkung einer Zeitdestruktion, in der er die eigentliche Perversion der Epoche und eine Verletzung der elementarsten Pflicht gegenüber den Nachkommen sieht.[2] Die schroffen Anklagen der neueren Jugendproteste, in denen sich frühere Generationenkonflikte in signifikanter Weise brechen und neu konstellieren, legen Zeugnis von der Fundamentalität des Streitpunkts ab. Spiegelbildlich zum zeitdiagnostisch vielfach beklagten Erinnerungsverlust markiert das Wegbrechen der Zukunft eine gleichermaßen fundamentale Störung des gesellschaftlichen Lebens, die zur existentiellen Entscheidung nötigt.

In paradigmatischer Klarheit manifestiert eine soziale Bewegung wie *Fridays for Future,* was in dieser Störung zur Diskussion steht. Zu den markanten Kennzeichen des Protests gehören zwei temporale Merkmale, das junge Alter der Beteiligten und die Dringlichkeit der reklamierten Maßnahmen. Wenn üblicherweise in der Geschichte die jüngere Generation als Anwältin der Zukunft und Widerstandskraft gegen die herrschenden Verhältnisse aufgetreten ist, so begegnet die generationelle Differenz hier in zugespitzter Form: Es sind Schülerinnen und Schüler, nicht mehr Studenten und Arbeiter, welche die Bewegung anführen und ihre Anliegen als eigenste Forderung *ihrer* Generation vertreten – in denen sie gegebenenfalls durch assoziierte Gruppen wie *Parents for Future, Entrepreneurs for Future, Scientists for Future* Unterstützung erhalten. Es ist *ihre* Zukunft, die auf dem Spiel steht, die durch die Zwänge der wirtschaftlichen und technologischen Entwicklung, fokussiert in der Klimaveränderung, gefährdet wird, und es ist eine Krisensituation, die nicht irgendwann in den kommenden Jahren, sondern heute, jetzt und hier ansteht und zu verhandeln ist. Es sind nicht, wie bei früheren Wahrnehmungen fataler Entwicklungstendenzen, die künftigen Generationen, deren Schicksal in Frage steht; vielmehr sind die Generationen, die von der Klimaveränderung massiv betroffen sein werden, längst geboren.[3] Unter einem pointierten Label tritt das Engagement für die Zukunft nicht mehr nur als subversiver Aufruf der Jugend, sondern als Aktionsbündnis »Letzte Generation« auf.[4] Die eigenste Betroffenheit, die sich in Angst, Wut, Empörung äußert, verleiht den Protesten ihre Authentizität und ihren Ernst, auch ihre moralische Autorität in einem Streit um gerechte Verteilung, dessen historische Neuheit darin besteht, dass er nicht nur zwischen kopräsenten, vielleicht weit entfernten Parteien ausgetragen wird, sondern im Prinzip auch mit erst kommenden, noch nicht geborenen Geschlechtern stattfindet. Zu dieser absoluten Aktualität der heutigen und kommenden, gleichsam der Zukunft zugehörigen Akteure kommt die radikale Dringlichkeit des Anliegens hinzu. Das lange Zeit gültige Epitheton »fünf vor zwölf« ist zur beschönigenden Floskel für die Unaufschiebbarkeit, wo nicht schon Überholtheit der notwendigen Maßnahmen geworden. Endlich Entscheidungen zu treffen, hier und heute zu handeln ist die unnachgiebige Forderung derer, für die nicht die Realisierung eines künftigen Ideals, sondern die Möglichkeit, überhaupt eine Zukunft zu haben, auf dem Spiel steht.

In der Jugendbewegung des Klimastreiks kommt der Konflikt um die Zukunft im Zeichen des Anderen zu paradigmatischem Ausdruck. In ihm äußert sich vielfach geradezu ein Gefühl der Zerstörung der Zukunft, des Fehlens der Zeit, wie es in manchen Situationen des Alltags erlebt werden kann, aber auch in der Zeitwahrnehmung des Alterns vorkommt. Dass uns keine Zeit mehr verbleibt, dass der Welt die Zeit ausgeht, dass den nachwachsenden Generationen kein Raum auf der Erde vorbehalten ist, sind Figurationen einer apokalyptischen Geschichtsvision. In der sozialen Lebenswelt schlägt sich der Konflikt in der Divergenz der Zeithorizonte nieder, die weithin – nicht notwendig – mit der variierenden Betroffenheit der Generationen und Lebensformen einhergeht. Ältere alleinstehende Personen und junge Eltern sind handlungsmäßig und emotional in sehr unterschiedlicher Weise in den Gang der Zeiten, gegebenenfalls die Gefährdung der Zukunft involviert. Mit der Asymmetrie der zeitlichen und sozialen Bezüge verändert sich die Grundverfassung des Daseins, die von der Existenzphilosophie als Sorgestruktur beschrieben wurde. Heidegger fasst mit dem Begriff das grundlegende »Sich-vorweg-sein des Daseins«, das er zugleich als ein Sich-vorweg-Sein in einer Welt und Sich-Entwerfen auf seine Möglichkeiten hin spezifiziert.[5] Es ist eine im Grundzug selbstbezügliche Sorgeverfassung, der von Foucault nachgezeichneten Tradition der »Selbstsorge« verwandt[6], die im Konkreten mehr oder weniger solipsistisch oder altruistisch angelegt sein kann, doch grundlegend einen Gegenpol zum sozialen Besorgtsein um Andere, exemplarisch die eigenen Kinder, darstellt. Existentielle Grundhaltungen variieren mit dem Maße, in welchem die Zukunft einen Fokus des Interesses bildet, und ebenso damit, wieweit dieses durch das Sichkümmern um Andere bestimmt ist.

In einer weniger eng personenbezogenen Perspektive und stärkerer Orientierung an den objektiven Auswirkungen korreliert diese Varianz mit dem Nachhaltigkeitskoeffizienten sozialen und technischen Handelns. Auch darin wird relevant, wieweit die Zukunft selbst zu einem Anliegen wird, wieweit die Zukunftsfähigkeit einer Sache als Kriterium von Einstellungen und Entscheidungen fungiert. Aufschlussreich ist die Kurz- und Langfristigkeit von Planungen und Interventionen verschiedener Akteure. Darin unterscheiden sich Politiker, die mit der Lösung aktueller Probleme, dem Machterhalt der Partei und der Sicherung der Wiederwahl befasst sind, von industriellen und wirtschaftlichen Entscheidungsträgern, die auf Wachstum und langfristige Rendite achten, wie auch von Repräsentanten von Institutionen, Staaten und Kirchen, die mit dem langen Atem der Geschichte für verstorbene oder kommende Generationen Verantwortung tragen und jenseits des Zeitgeistes für bestimmte Visionen, Prinzipien und Werte einstehen. Die unterschiedlichen Verhaltensweisen sind zum Teil mit je anderen Aufgaben und Zuständigkeiten der Akteure verbunden, teils entsprechen sie der variierenden Generationszugehörigkeit mit ihren besonderen Zeit- und Lebensräumen, teils hängen sie von ethischen und politischen Optionen im Spannungsfeld zwischen individuellen Präferenzen und menschheitlichen Postulaten ab. Aus ihnen resultieren unterschiedliche Interferenzen zwischen Zeitbezügen und Andersheit. Sie variieren deskriptiv-strukturell im Aufspannen und Gliedern des übergreifenden Zeitraums, emotional-affektiv im Betroffensein durch das Schicksal von Vorgängern und Nachgeborenen, ethisch im Angesprochensein durch den Appell vergangener Geschlechter und der kommenden Menschheit. Im praktischen Handeln haben sie Auswirkungen im verantwortungsvollen oder verantwortungslosen Umgang mit natürlichen und sozialen Krisen, mit der fortschreitenden Vergiftung der Erde, der wachsenden Verschuldung der Gesellschaft. Die Lasten, die ein zukunftsblindes Handeln den später Lebenden aufbürdet, werden zum ungetilgten Makel in der Verkettung der Generationen. Sie sind ein Grenzwert im Spektrum des Tradierens und Weitergebens an Andere. Sterbende können Vermögen und Schulden hinterlassen. Die – ideelle, monetäre, natürliche – Erbschaft kann sich als Gunst wie als Fluch erweisen.[7]

Ergänzend ist auf einen Grenzwert anderer Art hinzuweisen, den das Verhältnis zur Zukunft des Anderen dort verkörpert, wo der/das Andere kein *alter ego* ist, sondern sich jenseits des Menschen kristallisiert: im Bezug zu einer Zukunft ohne Menschen, einer Zeit der Computer und Maschinen.[8] Es ist die oben angedeutete Vision einer Welt der verselbständigten Algorithmen und Rechenprozesse, in welcher die Verbindung mit allen humanen Konnotationen des Tuns und Erlebens, des leiblichen Erfahrens, Fühlens und Äußerns, des Erinnerns und Vergessens, ja, des Habens von Vergangenheit und Zukunft ausgelöscht ist. Es ist sozusagen die totalisierte Kritik der technischen Vernunft, welche die Verkehrung, die den Menschen zum Sklaven und Produkt seiner Erzeugnisse werden lässt, über die Eigengesetzlichkeiten der technologischen Steigerung und ökonomischen Selbstverwertung hinaus in die Grundlagen des Menschseins einzeichnet. Es ist eine Ablösung des Zeitalters des Menschen durch die Herrschaft der Maschine, eine radikale Enthumanisierung, Entnaturalisierung und Selbstentfremdung der Existenz. Es ist eine Verschränkung von Diagnose, Dystopie und Science Fiction, deren Unheimlichkeit in der Affinität zu realen Entwicklungen liegt, in denen die Unterscheidbarkeit zwischen der Bewegtheit des Lebens und künstlich-simulatorischen Prozessen labil und fragwürdig geworden ist. Die Problemstellung, die in der Konfrontation mit Digitalisierung und Künstlicher Intelligenz für sich virulent ist, interessiert im vorliegenden Zusammenhang mit einer spezifischen Pointe, sofern sie die Figur der Zeit des Anderen in einer originären, vom anderen

Subjekt abgelösten Version zum Tragen bringt. Es ist eine Version, in welcher die Zeit des Anderen sich in gewisser Weise mit dem Anderen der Zeit, dem Jenseits der menschlich-erlebbaren Zeit überlagert und darin die menschliche Zeiterfahrung und Zeitgestaltung im Innersten herausfordert. Auch diese Andersheit kann der Zeitlichkeit der Existenz als technische Förderung entgegenkommen oder ihr fremd und feindlich gegenüberstehen.

12.2 Die kommende Zeit und das Entgegenkommen des Anderen

Wenn die Zukunft, wie die anderen Zeitekstasen, im Zeichen der Gunst wie der Last stehen kann, so scheint doch ein natürlicher Vorzug ihrer positiven, affirmierenden Seite zuzukommen. Dem ist so, sofern die Zukunft unserer natürlichen Lebensbewegtheit entgegenkommt, der grundlegenden Erwartungsstruktur des Lebens entspricht. Von sich aus drängt das Leben nach vorne. Es entwirft sich auf Möglichkeiten hin, es ist von einem basalen Streben getragen. Sofern dieser Grundzug des Lebens unseren Ausgriff auf das Kommende begleitet, zeigt sich Zukunft von sich aus im Lichte einer Öffnung, als Fluchtpunkt unseres Wollens, möglicherweise als Versprechen, als Geschenk – während ihre negative Gestalt als Untergang und Bedrohung gleichsam als abgeleitete, verfallende, in sich verkehrte Zeitform erscheint. Auch wenn die positive Tendenz die gegenläufigen Phänomene, die im Vorausgehenden in aller Deutlichkeit zur Sprache gekommen sind, nicht widerlegt oder ausblendet, lässt sie einen Wesenszug der Zukunft, eine fundamentale positive Valenz des Kommenden, hervortreten. Sie findet sich im Blick auf die Zeit des Anderen noch potenziert, sofern mit dem Anderen auch die Zukünftigkeit, die Neuheit und Unvorhersehbarkeit des Kommenden ins Licht rückt. Die prinzipielle Frage, ob zuletzt die positive oder negative Note im Eigensinn der kommenden Zeit dominiert, ob die gute oder schlechte Zukunft das Ursprüngliche, Fundamentale sei – in der sich in bestimmter Brechung das allgemeinere Problem reflektiert, ob wir dank oder trotz der Zeit sind, ob die Zeit unser Leben unterdrückt oder es trägt und erfüllt –, diese Frage verliert womöglich etwas von ihrer

Offenheit, wenn wir abschließend, im Gegenzug zu Erfahrungen der bedrohlich-destruktiven Zukunft, das lebensaffirmierende Zukunftsverhältnis im Horizont der Andersheit, der Begegnung mit dem Anderen und des Seins vom Anderen her, erkunden.

In pointierter Gestalt ist die affirmative Zukunft die mir vom Anderen geschenkte, durch den Anderen eröffnete Zeit. Die von Derrida reflektierte Figur des Zeit-Schenkens als Urform der Gabe, des emphatischen Gebens dessen, was man nicht als Eigentum besitzt, doch freizugeben vermag[9], strahlt in besonderer Helle in den Zukunftsbezug aus. Die reine Gabe ist die Antithese zum Kreislauf des wechselseitigen Gebens und Nehmens. Sie paktiert mit der Verausgabung ohne Rückkehr und bricht den Zyklus der Reziprozität, der unter der Herrschaft des Vergangenen steht und sich nicht auf das Neue, Noch-nie-Gewesene hin zu öffnen vermag. Die geschenkte, befreiende Zeit ist das Andere sowohl zur eigenmächtig geschaffenen, selbstentworfenen Zukunft wie zum drohend über mich verhängten Schicksal. In ihr spielen die Motive der Begegnung mit dem Anderen, des Beschenktwerdens und der nicht antizipierbaren, kommenden Zeit ursprünglich ineinander; sie ist, wie der günstige Zufall, eine Instanz der »schenkenden Ereignishaftigkeit« *(événementialité donatrice)*.[10] Es ist ein Schenken, dessen der Beschenkte nicht mächtig ist, das sich aber nicht wie eine bloß äußere Zutat dem Seinigen hinzufügt, sondern seinem innersten Wesen entspricht, ihn seine eigenste Zeit erleben, seine Zukunft entfalten lässt. Derrida verweist auf Heidegger, der dieses ursprüngliche Geben in den umfassenden Rahmen einzeichnet, den Heraklit in der hervorkommenden und sich offenbarenden Natur begründet, als ein »Gewähren dessen, was dem anderen gebührt«, das durch diese Gunst »zu seiner eigenen Freiheit erblüht«.[11] Die Manifestationskraft der Natur ist ein Freigeben dessen, was sich von sich her zeigt, nicht nur ein Weitergeben dessen, was man hat, sondern eine Ermöglichung des Anderen in seiner Andersheit, der Bewegtheit, die aus dem Anderen kommt und in der dieses zu sich selbst gelangt. So bringt die Zukünftigkeit im Zeichen des Anderen in einem radikalen, zweifachen Sinn die Andersheit zum Tragen, indem sie das Angewiesensein auf den Anderen ebenso wie die Ermöglichung des Anderen verkörpert. Die Zukunft vom Anderen empfangen, dem Anderen die Zukunft eröffnen sind komplementäre und gleich ursprüngliche Modalitäten des Teilens der Zeit.

Ein Urphänomen des Eröffnens der Zukunft hat seine Wurzel im Verhältnis der Generationen. Leben schenken, Leben weitergeben ist das ursprüngliche Gefäß des Gebens von Zeit, des Ermöglichens von Zukunft. Für das erzeugende, gebärende Leben selbst markiert die Fruchtbarkeit eine Gegenkraft zur Selbstabschließung, eine Aufsprengung der Wiederholung und eine Affirmation des eigenen Seins über das Jetzt hinaus. Doch ebenso ursprünglich ist sie nicht nur eine ausweitende Perpetuierung des Selbst, sondern das Aufschließen, ja Stiften einer Zeit, die nicht vorrangig die eigene, nicht die des Selbst ist. Leben schenken heißt Jasagen zu einer Zukunft des Anderen. Es heißt eine Zeit bejahen, die anderen gehört, zuletzt eine Zeit jenseits meiner Lebensspanne, eine Zukunft ohne mich begrüßen. In eigentümlicher Weise spielen in solcher Einstellung zwei Haltungen ineinander, eine Rücknahme des Selbst und die bejahende Zuwendung zum Anderen als Mittelpunkt des In-der-Welt-Seins. Die strukturelle Dezentrierung des Zeitfeldes geht mit einer praktischen Verlagerung im Generationenvertrag einher, vom Selbstbezug hin zu einem Interesse am Wohl der Nachgeborenen und solidarischen Engagement für etwas, dessen Früchte man nicht selbst ernten wird. Sie widersetzt sich der indifferenten Zukunftsausblendung (›*après nous le déluge*‹) und übernimmt Verantwortung für die Späteren und noch nicht Geborenen. Sie nimmt Anteil am Schicksal des Kommenden, partizipiert am Weiterleben Anderer und an der Neuschöpfung des Lebens durch Andere. Dabei ist die Zeit gewährende, Zukunft eröffnende Solidarität nicht auf unser Verhältnis zu den später Kommenden beschränkt, sondern kann auch den mit uns Lebenden, ja uns Vorausgehenden gelten, wie es exemplarisch in der Begleitung Sterbender stattfindet, die ihrerseits Anderen das Hinübergehen in ein Neues, Unbekanntes ermöglicht, in einer Grenzerfahrung der Gemeinsamkeit, die den Lebenshorizont des Anderen wie die Zeit des Selbst aufschließt.

Gewissermaßen spiegelbildlich zur solidarischen Eröffnung und Sicherung der Zukunft für Andere gibt es die Figur des eigenen Überlebens und Weiterlebens durch den Beistand Anderer. Jorge Semprun verbindet die erinnernde Trauer um die Opfer des

Holocaust mit der Figur der Wiedergänger, die dank des Gedenkens und Lebens der Anderen ihren Tod überleben, ins Leben zurückkehren: Sie bedurften des Beistands durch das Überleben der Anderen – »dessen, dass wir lebten, dass wir ganz einfach mit all unseren Kräften lebten im Gedenken ihres Todes«.[12] In den Blick kommt ein Loslassen, welches das eigene Überleben den Anderen anvertraut, das eigene Seinsstreben dem Zukunftsverlangen Anderer übergibt. Es ist ein Weiterleben im Sich-Übergeben an die Nachlebenden, im Sich-Anvertrauen an das Leben Anderer, das dem Selbst eine Zukunft gewährt. Eine klassische Gedankenfigur der Tradition überträgt die Unsterblichkeit, derer das einzelne Lebewesen nicht mächtig ist, auf die Gattung, aus welcher das Individuum kommt und in der es weiterlebt. Was im Biologischen das sich reproduzierende und fortsetzende Leben ist, vollzieht sich in der menschlichen Geschichte als kulturelle Überlieferung und Erneuerung. Totenkult und Gedächtniskultur sind Formen des Umgangs mit dem Lebensende, die zugleich Gefäße des Bewahrens, ja des Weiterlebens der Sterblichen sind. Wer im Gedächtnis der Nachkommen gegenwärtig bleibt, wessen Schicksal von Anderen erinnert wird, dessen Leben ist nicht dem nackten Tod anheimgegeben, dem Untergang ins Nichts verfallen.

Eine in der Kulturtheorie thematisierte Form solcher indirekter Zukunftsfähigkeit ist das Überleben im Werk. Wer Spuren hinterlässt, entschwindet nicht ins Nichts. Wer ein Werk hinterlässt, hinterlässt nicht einfach Überreste, die in späteren Zeiten noch da sind, sondern ist Urheber eines Lebendigen, einer Quelle von Lebendigkeit, die im Geschaffenen wirksam ist und auf ihren Schöpfer zurückstrahlt. Wer ein Werk geschaffen hat, das von Anderen rezipiert, von ihnen gelesen und interpretiert, neu aufgeführt und variiert wird, bleibt in seiner Schöpfung gegenwärtig. Er lebt weiter und lebt neu auf im Nachleben seines Werks. So heißen die Schöpfer eminenter Werke, große Komponisten, Dichter, Maler, solange die von ihnen geschaffenen Werke lebendig sind, selbst unsterblich. Mit dem Buch überlebt der Autor, ist er in jeder Lektüre und Anverwandlung neu gegenwärtig, spricht er zum Leser, gibt er Anderen etwas zu verstehen. Jede Neuerung ist von der Hoffnung beseelt, dass sie nicht umsonst war, dass ihr Sinn sich erhält und sich weiterpflanzt. Sie ist Teil des geschichtlichen Sinnprozesses, der ein offenes Geschehen des Erzeugens, Weitergebens und Verwandelns ist, in welchem kulturelle Gegenstände – Werke, Institutionen, Traditionen – hervorgebracht, angeeignet, transformiert und erneuert werden.

Dieser Prozess ist ein grundlegend sozialer. Das Überleben im Werk ist nicht in die Hand seines Schöpfers gelegt. Die Zukunftsfähigkeit des Werks wird nicht eigenmächtig vom Autor bewirkt, sondern ist auf den Beistand Anderer angewiesen. Der Mensch lebt weiter in seinem Werk, solange dieses bei Anderen und durch Andere gegenwärtig ist, solange ein Buch gelesen, eine Komposition aufgeführt, eine Tradition gepflegt wird, solange das Gedächtnis einer Kultur erhalten, die Erinnerung an vergangene Taten lebendig bleibt. Für den handelnden, schaffenden oder leidenden Menschen bedeutet dies, sich Anderen anzuvertrauen, seine Zukunftshoffnung in das Tun, das Weiterwirken und das Gedenken Anderer zu legen. Paul Ricœur betont dieses Vertrauen im Gegenzug zur souveränen Schöpfungsmacht und narzisstischen Besetzung eigener Hervorbringungen, im gelebten Verhältnis zu den Nachkommen, zu Mitmenschen, die mir die Nächsten sind und für die ich zähle, die mich in meinem Leben unterstützen und die mich weiter begleiten werden.[13] Ricœur verbindet die Idee solchen Überlebens mit religiösen Konnotationen, bis hin zur Hoffnung, dass nicht nur meine Nachkommen, sondern dass »Gott sich meiner erinnern wird«, ja, dass auch diejenigen, die keine lesbaren Spuren in der Welt hinterlassen, »make a difference in God«.[14] Tragend für diese Ausweitung meiner Lebenszeit ist keine individuelle Auferstehungsgewissheit; es ist der Gedanke, nicht umsonst gelebt zu haben, aufgehoben im Vertrauen in die Gemeinsamkeit mit Anderen. In das solidarische Gedächtnis eingeschrieben zu sein ist Boden einer Zukunft, die mir aus der Zeit des Anderen entgegenkommt. Es ist eine Zukünftigkeit, die mit dem Bewusstsein der Endlichkeit, der Trauer um das Vergehen vereinbar ist – jenseits der Projektion eines identitären Selbst über den Tod hinaus.[15] Nicht meine Selbsterhaltung, das Leben der Anderen rettet mich vor dem Untergang: »La survie, c'est les autres.«[16] In emphatischer Weise verknüpft Ricœur die Idee des Überlebens mit dem Abschied vom starren Selbst und dem Sein vom Anderen her. Solche Zukunft als vom Anderen gewährte steht in strengem Gegensatz zu der von

Freud beschriebenen narzisstischen Projektion, in welcher Eltern (in einer Zuneigung, die nichts anderes als ihr »wiedergeborener Narzißmus« ist) ihren unausgeführten Unsterblichkeitswunsch auf das Kind übertragen.[17] Ganz anders geht es hier darum, ein Sein vom Anderen her zu begründen, das sich im Modus der Gabe, des Sichöffnens für Andere und des Beschenktwerdens durch Andere vollzieht.

Die Verschränkung zwischen der Beziehung zum Anderen und dem Bezug zur Zukunft kann in einer radikalisierten Lesart nach beiden Seiten gesteigert, unter beiden Hinsichten vertieft werden. Die Andersheit transzendiert in solcher Sicht das mitmenschliche Verhältnis auf den Bezug zum ganz Anderen hin; der Ausgriff auf die Zukunft öffnet sich von der bevorstehenden auf die einbrechende, neue Zeit.

Auf der einen Seite gilt es die Stringenz der Beziehung zum Anderen ernst zu nehmen. In der gelebten Beziehung zum Anderen weitet sich mein Lebensraum, öffnet er sich auf eine Zukunft, die das Selbst übersteigt. In radikaler Form begegnet mir der Andere, wo er nicht einfach neben mir steht und als Mitmensch mein Tun und Erleben teilt, sondern wo er mir von vorne, aus dem Unbekannten, nicht Vorhersehbaren entgegenkommt. Derrida sieht die Tiefe der Freundschaftsbeziehung in ihrer Asymmetrie und Ungleichzeitigkeit – »wie wenn die Freunde nie Zeitgenossen wären«.[18] Sich als Freund zum Anderen verhalten, heißt ihn in seine eigene Bewegung, in seine eigene Welt, seine Zeit hinein frei geben und mich zugleich auf ihn als einen beziehen, der mir als der kommende Andere, »l'autre à venir«[19], aus der anderen Welt, aus der Zukunft entgegenkommt und mir darin ein anderes Leben, eine neue Zeit aufschließt. Im Offensein für den Fremden öffne ich mich zugleich auf das eigenste Sein hin, werde ich in meinem Eigensten bereichert, mit einer Zukunft beschenkt, die im Innersten zu der meinen wird. Die vom Anderen geschenkte Zeit ist eine, die mich zu mir befreit, in der ich zu mir selbst komme. Es ist nicht erstaunlich, dass Derrida die Radikalität solcher Gabe in das Verhältnis zum ganz Anderen einzeichnet, ohne die theologischen Konnotationen zu scheuen. Dezidiert transponiert Michael Theunissen die dialogisch-intersubjektive Beziehung in das Gottesverhältnis und vertieft den menschlichen Zukunftsbezug zur Erwartung des kommenden Reichs. Zugleich mit der Andersheit wird die Zukünftigkeit radikaler gefasst. Es ist die kommende Zeit jenseits aller Verfügung und Antizipation, die unvermittelt einbrechende, radikal neue Zeit, die mit der Kontinuität des Zeitflusses bricht und die linear-chronologische Sukzession verwandelt. Das Neue im Zeichen der Plötzlichkeit steht für eine radikale Transzendenz im menschlichen Leben.

Es macht den Kern eines dialogistischen Ansatzes, wie er sich bei Rosenzweig und Levinas findet, mit aus, die Offenheit auf ein Kommendes jenseits der »Zukunft der Subjektivität« hin zu denken, angesichts dessen eine »vorausberechnete« Zukunft zur »uneigentlichen, ihrer Zukünftigkeit beraubten«, ja im Banne des Vergangenen verharrenden Zeit herabsinkt.[20] Dabei geht es Interpreten des Dialogismus wesentlich darum, jene absolute Transzendenz nicht vom lebendigen Verhältnis zum Du abzuspalten, sie gegen dieses auszuspielen. Vielmehr, so liest Theunissen die Bibelstelle Lukas 17,21, ist das Reich Gottes »*zwischen* den Menschen, die zu ihm berufen sind, als gegenwärtige Zukunft«.[21] Anders nimmt sich das Verhältnis im archaischen Denken, etwa in den Oden Pindars, aus, in welchen Theunissen eine ebenso radikale Transzendenz göttlicher Zeit herausstellt, die sich aber nicht in gleicher Weise mit der zwischenmenschlichen Beziehung verbindet, sondern über diese hinausgeht, indem sie sich der weltlichen Zeit insgesamt entgegenstellt, das Verhängnis des säkularen Chronos aufbricht und die Zeit verwandelt.[22] Auch hier findet eine grundlegende Transformation der Zeit in der Begegnung mit dem ganz Anderen statt, welche die unendliche Zukunft mit der Gegenwärtigkeit zusammenschließt.[23] Sie markiert eine eindringlichste Gestalt der anderen Zeit, die sich als eine Zeit vom Anderen her öffnet.

12.3 Schluss

Die Verschränkung zwischen Alterität und Zukunftsbezug erweist sich als eine besondere, herausgehobene Konstellation der Zeit des Anderen. Die vorausgehenden Überlegungen haben in gewisser Weise zu einem zweifachen Fazit geführt, indem sie die Beziehung zum Anderen als fundamental zum Selbstsein gehörig und die

Zukunft als zentrale Dimension der menschlichen Existenz aufgewiesen haben. Die Konstellation lässt sich nach beiden Seiten befragen: inwiefern der Zukunftsbezug als solcher einen spezifischen Stellenwert im menschlichen Leben besitzt und welche besondere Bedeutung seiner Verknüpfung mit dem Verhältnis zum Anderen zukommt.

Dass die Zukunft, formell eine Zeitdimension neben anderen, in gewisser Hinsicht einen herausgehobenen Stellenwert im Lebensvollzug des Menschen besitzt, lässt sich von ihrer Nähe zur Gerichtetheit des Lebens her begreifen. Wenn die Vergangenheit im Zeichen der Unfreiheit und der Last wahrgenommen wurde, so legen sich bei der Zukunft gegenläufige Assoziationen der Dynamik, der Offenheit und der Freiheit nahe. Auch wenn solcherart affektive Besetzungen, wie sich gezeigt hat, nicht alternativlos sind und die Zukunft ihrerseits als düster und bedrohlich auftreten kann, scheint doch ihrer affirmativen Wertung ein natürlicher Primat zuzukommen. Die nach vorne gerichtete, weitergehende, ins Offene weisende Zeit geht mit Prozessen der Ermöglichung, der Befreiung, des Hellwerdens einher; ihre Verwandlung in eine zerstörend-repressive Macht vollzieht sich gleichsam in einer Verkehrung ihrer natürlichen, intrinsischen Bewegtheit. Ich kann mich sowohl hoffend wie fürchtend der Zukunft zuwenden, unvorhergesehene Ereignisse können mich beglücken oder mich erschrecken und schädigen, doch scheint die Hoffnung in intimerer Weise mit dem entgegenkommenden Anderen, mit der künftigen, sich öffnenden Zeit verknüpft. Nicht umsonst tragen Temporalmerkmale, die mit einer radikalen Zukünftigkeit einhergehen – Überraschung, Unvorhersehbarkeit, Plötzlichkeit, Wende, Transzendenz –, einen ursprünglich positiven Geltungsindex. Streben und Begehren erscheinen als tieferliegende, ursprünglichere Lebenstendenzen als Verneinung und Abkehr. In ihrem Horizont begegnet Zukunft in einem prioritär affirmativen Bezug. Auch jenseits des wertend-affektmäßigen Bezugs kann Zukunft als temporale Primärdimension erscheinen. Das noch nicht Seiende, Kommende macht den Kern und das Geheimnis des Zeitlichen aus. Die kommende Zeit erscheint als Urerfahrung der Zeit. Zwar steht sie im Wechselspiel mit der gleichermaßen fundamentalen Vergangenheit, mit der anderen Urerfahrung des Zeitlichen, die in der Vergänglichkeit, der Erfahrung des Vergehens aller Dinge liegt. Gleichwohl ist der Mündungspunkt von Belang, zu dem die Zeitanalyse geführt hat und in dessen Fokus die Zukunft als Quelle und Fluchtpunkt des Zeitlichen aufscheint. Nicht zuletzt gewinnt die Priorität der kommenden gegenüber der schwindenden, vergehenden Zeit ihre Evidenz in Verschränkung mit der Andersheit, der Begegnung mit dem Anderen.

Zu klären ist, wieweit der eminente Rang des Kommenden zugleich mit einem ursprünglichen Bezug zum Anderen verbunden ist: inwiefern das bejahende, positive Zukunftsverhältnis sich originär nicht im Selbstbezug, sondern im Verhältnis zum Anderen – in der Zuwendung zum Anderen, in der Begegnung mit dem Anderen, im Sein vom Anderen her – realisiert. Auch hier können wir eine Art natürliche Konkordanz beider Bestimmungen, des Verhältnisses zum Anderen und des Ausgerichtetseins auf das Kommende, feststellen. In der Triade der Zeitdimensionen, zwischen Gewesenem, Gegenwärtigem und Kommendem, erweist sich die Zukunft als die Zeitform, die mir in besonderer Weise fremd, neu, ein Anderes ist. Im Verhalten zur Zukunft bin ich in spezieller Weise mit der Andersheit konfrontiert, während das Vergangene und Gegenwärtige in engerer Weise zu dem, was ich von mir aus bin und was mir zu eigen ist, gehören. Zwar geht auch die Zukunft konstitutiv in meine Identität ein, dies sogar vorrangig, sofern sich mein Selbstverständnis im Medium des Wollens und Entwerfens artikuliert und findet. Zugleich aber steht das Künftige für einen Lebensbereich, der mir weithin unbekannt ist und meiner Herrschaft entgleitet. Die Zukunft ist anderswo, jenseits der mir vertrauten Welt, ungreifbar. Ihr Entzogensein unterscheidet sich vom erkenntnis- und handlungsmäßigen Entgleiten des Vergangenen, das irgendwann und irgendwo real gewesen ist und in gewisser Weise im Untergrund weiterhin da ist, vielleicht an mir haftet, auch wenn ich es nicht durchdringen und bewusst aneignen kann. Demgegenüber ist das Kommende in radikalem Sinne ein Anderes, nicht Anwesendes, (noch) nicht Daseiendes. Festzuhalten ist aus dem Vorigen die abschließende Engführung zwischen Andersheit und Zukünftigkeit, die daraufhin zu befragen ist, wieweit sie sich als ein nicht kontingenter, affirmativer Fluchtpunkt im Umgang mit der Zeit des Anderen begreifen lässt.

Die Frage gewinnt ihr Profil nicht zuletzt vor dem Hintergrund der schwankenden ontologischen und anthropologischen Wertungen der Zeit. Wenn die Zeitlichkeit, im Gegenzug zu ihrer metaphysischen Herabsetzung, in der Existenzphilosophie als affirmatives Medium personaler Selbstentfaltung gewürdigt worden ist, so setzt die Vorstellung einer entfremdenden Herrschaft der Zeit dazu wiederum einen Gegenakzent, der als Deutungsfolie in sozialkritische wie pathologische Diagnosen eingegangen ist. Wenn dagegen am Ende wieder ein affirmatives Zeitverständnis die Oberhand gewinnt, so ist es eines, das wesentlich durch den zweifachen Fokus auf die Zukunft und die Andersheit bestimmt ist. Tragend wird die originäre Gemeinsamkeit, welche die Begegnung mit dem Anderen und das Aufgehen des Neuen miteinander verbindet. Nicht nur wird das Selbst durch den Anderen aus der Dominanz des Vergangenen, aus dem Zwang der Wiederholung und der Fremdheit des entäußerten Zeitgehäuses befreit. Grundlegender wird ihm vom Anderen her die Zukunft eröffnet, wird ihm die eigenste Zeit geschenkt. Die Loslösung von der Last des Gewesenen und aus dem Zwang des Verlaufs ist die Kehrseite eines Befreitwerdens, in welchem das Selbst zu sich selbst und zu seiner eigensten Zeit kommt. Ein emphatisches Verständnis der Zukunft behält einen Widerschein dessen, was Levinas und Derrida als messianisches Element im zeitlichen Dasein ausgemacht haben. Auch ohne damit transzendente Bilder der Erlösung zu verbinden, hat eine vertiefende Sondierung existentieller Zeitlichkeit ihren Fluchtpunkt darin, zugleich mit dem Gerichtetseins auf eine radikale Zukunft das ursprüngliche Bezogensein auf den Anderen zu denken. Die Zeitlichkeit des Menschen ernst nehmen heißt zuletzt, die Existenz von der kommenden, aufgehenden Zeit her denken, die sich in eins mit der Zeit des Anderen ereignet.

ANMERKUNGEN

1. Einleitung: Wem gehört die Zeit?

1 Pascal Chabot, *Avoir le temps. Essai de chronosophie,* Paris: Presses Universitaires de France 2021, S. 156f.

2 Jakob Wetzel, *Fridays for Future,* München: Süddeutsche Zeitung Edition 2019, S. 97.

3 Jean Améry, *Über das Altern. Revolte und Resignation,* Stuttgart: Klett-Cotta 1968, S. 81.

4 Miriam Meckel, *NEXT. Erinnerungen an eine Zukunft ohne uns,* Reinbek: Rowohlt 2011.

5 Vgl. Jacques Derrida, *Donner le temps. 1. La fausse monnaie,* Paris: Galilée 1991, S. 14, 44.

6 Ebd., S. 59.

7 Ebd., S. 69.

8 Diego Fonti, *Levinas und Rosenzweig. Das Denken, der Andere und die Zeit,* Würzburg: Königshausen & Neumann 2009, S. 5.

2. Die Zeitlichkeit der Existenz

1 Augustinus, *Confessiones* XI, 14, 17.

2 Parmenides, DK 28 B 1, B 6, B 8.

3 Vgl. Art. ›Zeit‹, in: *Historisches Wörterbuch der Philosophie*, hg. von Joachim Ritter, Karlfried Gründer und Gottfried Gabriel, Basel: Schwabe, Bd. 12, Sp. 1186–1196.

4 Platon, *Timaios*, 37d6.

5 Aristoteles, *Physik,* 219b.

6 Art. »nunc stans«, in: *Historisches Wörterbuch der Philosophie*, Band 6, Basel: Schwabe 1984, Sp. 990ff.

7 Aristoteles, *Metaphysik,* 1072 b 26–30.

8 Vgl. Michael Theunissen, *Negative Theologie der Zeit,* Frankfurt am Main: Suhrkamp 1993, S. 60–65, 308f.

9 Vgl. dazu Michael Theunissen, *Negative Theologie der Zeit,* a.a.O., S. 37–86.

10 Vgl. Emil Angehrn / Joachim Küchenhoff (Hg.), *Erwartung. Zukunft zwischen Furcht und Hoffnung,* Weilerswist: Velbrück Wissenschaft 2019.

11 Paul Ricœur, *Temps et récit,* Tome I: *L'intrigue et le récit historique*, II: *La Configuration dans le récit de fiction*, III: *Le Temps raconté*, Paris: Le Seuil, 1983, 1984, 1985.

12 Paul Ricœur, *Temps et récit,* I, a.a.O., S. 21ff.

13 Ebd. S. 26–21.

14 Ebd., S. 55.

15 Vgl. Hartmut Rosa, *Beschleunigung. Die Veränderung der Zeitstrukturen in der Moderne,* Frankfurt am Main: Suhrkamp 2005; Hermann Lübbe, *Schrumpft die Gegenwart?* Verlag Hans Erni-Stiftung: Luzern 2000.

16 John McTaggart Ellis McTaggart, *The Unreality of Time,* in: Mind. A Quarterly Review of Psychology and Philosophy 17/1908, S. 457–474.

17 Emmanuel Levinas, »L'Autre, Utopie et Justice«, in: *Entre nous. Essais sur le penser-à-l'autre,* Paris: Grasset 1991, S. 235–246, hier S. 244.

18 Emmanuel Levinas, *Le temps et l'autre,* Paris: Presses Universitaires de France 1983, S. 88; vgl. Diego Fonti, *Levinas und Rosenzweig. Das Denken, der Andere und die Zeit,* Würzburg: Königshausen & Neumann 2009, S. 216–268; Stefano Micali, »Subjektive und objektive Zeit. Genealogische und methodologische Bemerkungen zur Frage nach der Realität oder Idealität der Zeit«, in: Gerald Hartung (Hg.), *Mensch und Zeit,* Wiesbaden: Springer 2015, S. 185–203.

19 Emmanuel Levinas, »L'Autre, Utopie et Justice«, a.a.O., S. 245.

20 Edmund Husserl, *Zur Phänomenologie des inneren Zeitbewusstseins (1893–1917),* Husserliana Band X, Den Haag: Martinus Nijhoff 1966.

21 Paul Ricœur, *Temps et récit. 3. Le temps raconté,* édition de poche, Paris: Seuil 1985, S. 47; Edmund Husserl, *Ideen zu einer reinen Phänomenologie und Phänomenologischen Philosophie. Erstes Buch*, Husserliana Band III, Den Haag: Martinus Nijhoff 1950, § 85, S. 208.

22 Pascal Chabot, *Avoir le temps. Essai de chronosophie,* Paris: Presses Universitaires de France 2021, S. 14.

23 Ebd., S. 16ff.

24 Jacques Derrida, *Donner le temps,* a.a.O., S. 14, 44, 59, 69; *Politiques de l'amitié,* Paris: Galilée 1994, S. 204, 388 (zugleich ontologisch ausgeweitet mit Bezug auf den Spruch des Anaximander, vgl. Martin Heidegger, »Der Spruch des Anaximander«, in: *Holzwege*, Frankfurt am Main: Klostermann 1950, S. 296–343, hier S. 329).

25 Pascal Chabot, *Avoir le temps,* a.a.O., S. 61f.

26 Vgl. Emil Angehrn, »Warten und Erwartung. Von der Zeitlichkeit der Existenz«, in: Emil Angehrn / Joachim Küchenhoff (Hg.), *Erwartung. Zukunft zwischen Furcht und Hoffnung,* Weilerswist: Velbrück Wissenschaft 2018, S. 113–132.

27 Georg Picht, *Zukunft und Utopie. Vorlesungen und Schriften,* Stuttgart: Klett Cotta 1992, S. 154.

28 Hans M. Baumgartner, *Kontinuität und Geschichte. Zur Kritik und Metakritik der historischen Vernunft,* Frankfurt am Main: Suhrkamp 1972f., S. 324.

29 Vgl. Michael Theunissen, *Negative Theologie der Zeit,* a.a.O., S. 315.

30 Paul Ricœur, *Temps et récit I,* a.a.O., S. 53, 48.

3. Zwiespalt der Zeiterfahrung

1 Michael Theunissen, *Negative Theologie der Zeit,* a.a.O., S. 303f.

2 Michael Theunissen, »Können wir in der Zeit glücklich sein?«, in: *Negative Theologie der Zeit,* a.a.O., S. 37–86.

3 Ebd., S. 41f., 44.

4 Ebd., S. 46.

5 Ebd., S. 56.

6 Michael Theunissen, »Freiheit von der Zeit. Ästhetisches Anschauen als Verweilen«, in: *Negative Theologie der Zeit,* a.a.O., S. 285–298, hier S. 285f., 58.

7 Michael Theunissen, *Negative Theologie der Zeit,* a.a.O., S. 62.

8 Ebd., S. 65, 327.

9 Walter Benjamin, Über den Begriff der Geschichte, Gesammelte Schriften, Frankfurt am Main: Suhrkamp 1972, Band I.2, S. 691–704, S. 693; Theodor W. Adorno, »Fortschritt«, in: *Kulturkritik und Gesellschaft I,* Gesamtausgabe Band 10.1, Frankfurt am Main: Suhrkamp 2003, S. 617–638, S. 619f.

10 Bernard Waldenfels, *Erfahrung, die zur Sprache drängt,* Suhrkamp: Berlin 2019, S. 57

11 André Green, »Zeitlichkeit in der Psychoanalyse: zersplitterte Zeit«, in: *Psyche. Zeitschrift für Psychoanalyse,* 2003, Heft 9/10, S. 789–811.

12 Peter Sloterdijk, *Wer noch kein Grau gedacht hat. Eine Farbenlehre,* Berlin: Suhrkamp 2022, S. 54.

13 Sigmund Freud, »Erinnern, Wiederholen, Durcharbeiten«, in: Gesammelte Werke, Frankfurt am Main: Fischer ^{6}1973, Bd. X, S. 126ff.

14 Vgl. Emil Angehrn, *Vom Anfang und Ende. Leben zwischen Geburt und Tod,* Frankfurt am Main: Klostermann 2020.

4. Dimensionen der Zeit zwischen Gewesenheit und Zukunft

1 Augustinus, *Confessiones* XI, 20,26; 26,33.

2 Martin Heidegger, *Sein und Zeit,* Tübingen: Niemeyer ^{10}1963, § 65, S. 329.

3 Paul Ricœur, *Temps et récit. 3. Le temps raconté,* Paris: Seuil 1985, édition de poche, S. 129f.

5. Gegenwart als Identität und Fülle

1 Friedrich Nietzsche, *Die fröhliche Wissenschaft, Anhang: Lieder des Prinzen Vogelfrei,* in: Sämtliche Werke, Kritische Studienausgabe Bd. 3, München/Berlin/New York: dtv/de Gruyter 1980, S. 649.

2 Paul Valéry, »Moments V«, in: Mélange, *Œuvres I,* Bibliothèque de la Pléiade, Paris: Gallimard 1957, S. 312.

3 Vgl. Thomas Mann, *Buddenbrooks. Verfall einer Familie*, Fischer Verlag: Berlin 1979, S. 558.

4 Vgl. Klaus Held, *Lebendige Gegenwart. Die Frage nach der Seinsweise des transzendentalen Ich bei Edmund Husserl, entwickelt am Leitfaden der Zeitproblematik,* Martinus Nijhoff: Den Haag 1966.

6. Vergangenheit zwischen Gedächtnis und Vergängnis

1 Vgl. Emil Angehrn, *Geschichte und Identität,* Berlin: de Gruyter 1985.

2 Claude Lanzmann, *La Tombe du divin plongeur*, Paris: Gallimard 2012.

3 Walter Benjamin, *Über den Begriff der Geschichte,* a.a.O.

4 Marcel Proust, *À la recherche du temps perdu*, Tome I: *Du côté de chez Swann; À l'ombre des jeunes filles en fleur,* Bibliothèque de la Pléiade, Paris: Gallimard 1954; Paul Ricœur, *Parcours de la reconnaissance. Trois études,* Paris: Éditions Stock 2004.

5 Die Differenz von Vergangenheit und ›Gewesenheit‹ betont in Anlehnung an Heidegger Paul Ricœur: *La mémoire, l'histoire, l'oubli,* Seuil: Paris 2000, S. 472.

6 Vgl. Emil Angehrn, »Das Vergangene, das nie gegenwärtig war. Zwischen Leidenserinnerung und Glücksversprechen«, in: Emil Angehrn/Joachim Küchenhoff (Hg.), *Das unerledigte Vergangene. Konstellationen der Erinnerung,* Weilerswist: Velbrück Wissenschaft 2015, S. 175–205.

7 Nicolas Abraham et Maria Torok, *Cryptonymie. Le verbier de l'homme aux loups.* Précédé de FORS, par Jacques Derrida, Paris: Aubier Flammarion 1976, S. 52; vgl. Emil Angehrn, *Lebendig begrabene Wörter*, in: Sina Dell'Anno/Jodok Trösch (Hg.), »auf der Rückseite des Gobelins dieser Welt«. Texte für Ralf Simon, Verlag Die Ochsenwende 2021, S. 109 ff.

7. Zukunft zwischen Furcht und Hoffnung

1 Herodot, *Historien,* I 74; Diels-Kranz, *Fragmente der Vorsokratiker*, 11 A 5.

2 Jacques Derrida, *Marx & Sons,* Paris: Galilée/Presses Universitaires de France 2002.

3 Walter Benjamin, Über den Begriff der Geschichte, a.a.O., S. 694.

4 Jacques Derrida, *Marx & Sons,* a.a.O., S. 79.

5 Vgl. Georg Picht, *Zukunft und Utopie,* a.a.O., S. 279f.; vgl. oben 1 (b).

6 Vgl. Jacques Derrida, *Apprendre à vivre enfin. Entretien avec Jean Birnbaum,* Paris: Galilée 2005; vgl. unten 12.1.

7 Paul Ricœur, *Vivant jusqu'à la mort. Suivi de Fragments,* Paris: Seuil 2007, S. 96f.

8 Ebd., S. 20, 131; vgl. unten 12.2.

9 Georg Picht, *Zukunft und Utopie,* a.a.O., S. 386.

10 Diego Fonti, *Levinas und Rosenzweig,* a.a.O., S. 22.

11 Emmanuel Levinas, *En découvrant l'existence avec Husserl et Heidegger,* Paris: Vrin 1988, S. 192.

12 Michael Theunissen, *Negative Theologie der Zeit,* a.a.O., S. 341f.

13 Ebd., S. 343f., 347.

14 Ebd., S. 351–371.

15 Vgl. Jacques Derrida, »Penser ce qui vient«, in: *Pour les temps à venir,* hg. von René Major, Paris: Éditions Stock 2007.

16 Ebd.

17 Jacques Derrida, *Marx & Sons,* a.a.O., S. 79ff.

18 Michael Theunissen, *Negative Theologie der Zeit,* a.a.O., S. 327, 331.

19 Ebd., S. 315.

20 Ebd., S. 327.

21 Vgl. Jacques Derrida, *Marx' Gespenster. Der Staat der Schuld, die Trauerarbeit und die neue Internationale,* Frankfurt am Main: Fischer 1996, S. 27, 67.

22 Imre Kertész, *Kaddisch für ein nicht geborenes Kind,* Reinbek: Rowohlt 1992.

23 Ebd., S. 78, 82ff.

24 Oriana Fallaci, *Lettera a un bambino mai nato,* Milano: Rizzoli 1975, S. 9.

25 Jürgen Habermas, *Der Philosophische Diskurs der Moderne,* Frankfurt am Main: Suhrkamp 1985, S. 73.

26 Miriam Meckel, *NEXT. Erinnerungen an eine Zukunft ohne uns,* Reinbek: Rowohlt 2011.

27 Ebd., S. 88f., 257ff.

28 Ebd., S. 92.

29 Ebd., S. 96.

30 Ebd., S. 204.

8. Selbstsein und Andersheit

1 René Descartes, *Meditationes de prima philosophia* (1641), II.13.

2 Vgl. Hans Bernhard Schmid, *Wir-Intentionalität. Kritik des ontologischen Individualismus und Rekonstruktion der Gemeinschaft,* Freiburg i. Br.: Alber 2005.

3 Julia Franck, *Welten auseinander*, Frankfurt am Main: Fischer 2021, S. 5f.

4 Vgl. Michael Theunissen, *Der Andere. Studien zur Sozialontologie der Gegenwart*, Berlin/New York: de Gruyter [3]1977.

5 Zum Folgenden ausführlicher: Emil Angehrn, »Dialogische Hermeneutik. Vom Ursprung des Sinns im Anderen«, in: Emmanuel Levinas, *Dialog. Ein kooperativer Kommentar*, hg. von Burkhard Liebsch, Freiburg/München: Alber 2020, S. 57–73.

6 Emmanuel Levinas, »La signification et le sens«, in: *Humanisme de l'autre homme*, Saint-Clément-de-Rivière 1972, 15–70, hier S. 51.

7 Emmanuel Levinas, *Totalité et infini. Essai sur l'extériorité*, La Haye 1968, S. 9, vgl. 42f.

8 Emmanuel Levinas, *En découvrant l'existence avec Husserl et Heidegger*, a.a.O. S. 229.

9 Siehe oben 2.2 (b).

10 Emmanuel Levinas, »›Entre deux mondes‹ (La voie de Franz Rosenzweig)«, in: *Difficile liberté. Essais sur le judaisme*, Paris: Albin Michel [3]1976, S. 253–281, hier S. 269ff.

11 Franz Rosenzweig, »Das neue Denken«, in: *Kleinere Schriften*, Berlin: Schocken Verlag/Jüdischer Buchverlag 1937, S. 373–398, hier S. 386f.

9. Zeit und Andersheit

1 Rudolf Bernet, »L'autre du temps«, in: Jean-Luc Marion (Hg.), *Emmanuel Levinas, Positivité et transcendance*, suivi de: *Lévinas et la phénoménologie*, Paris: Presses Universitaires de France 2000, S. 143–163, hier S. 157.

2 Vgl. Armin Walter, *Der Andere, das Begehren und die Zeit. Ein Denken des Bezuges im Grenzgang zwischen Emmanuel Levinas und der Dichtung*, Cuxhaven & Dartford: Traude Junghans Verlag 1996, S. 220 pass.

3 Vgl. Daniel Birnbaum, *The Hospitality of Presence. Problems of Otherness in Husserl's Phenomenology*, Stockholm Studies in Philosophy 20, Stockholm: Almquist & Wicksell International 1998, S. 179ff.

4 Martin Heidegger, *Sein und Zeit*, a.a.O., § 9, S. 42.

5 Blaise Pascal, *Pensées* (1670), fragment 172 Édition Bruschwicg, in: *Œuvres complètes*, Bibliothèque de la Pléiade, Paris: Gallimard 1954, S. 1131.

6 Daniel Birnbaum, *The Hospitality of Presence*, a.a.O., S. 166.

7 Julian Barnes, *Lebensstufen*, München: btb 2016, S. 96.

8 Vgl. André Green, »Zeitlichkeit in der Psychoanalyse: zersplitterte Zeit«, a.a.O

9 Im Gespräch mit Marius de Zayas (1923), zit. nach: Dore Ashton, *Picasso on Art. A Selection of Views*, London 1972, S. 4.

10 Zit, nach: Hélène Parmelin, *Picasso Plain. An Intimate Portrait*, London: Secker & Warburg 1963, S. 77. Vgl. Carmen Giménez/Josef Helfenstein,

Picasso – El Greco (Klassische Moderne), Berlin: Hatje Cantz 2022. – Eine der Skizzen, die der junge Picasso im Museo del Prado im Stile El Grecos und anderer Altmeister angefertigt hat, ist mit der Notiz »Yo El Greco« versehen.

11 Emmanuel Levinas, »De l'un à l'autre. Transcendance et temps«, in: *Entre nous. Essais sur le penser-à-l'autre,* Grasset: Paris 1991, S. 141–164.

12 Emmanuel Levinas, *Totalité et infini,* a.a.O., S. 314, 316.

13 Emmanuel Levinas, *Le temps et l'autre,* a.a.O., S. 8, 64, 71.

14 Walter Benjamin, *Über den Begriff der Geschichte,* a.a.O., S. 494, 497f.

15 Emmanuel Levinas, *Totalité et infini,* a.a.O., S. 316.

16 Emmanuel Levinas, *Le temps et l'autre,* a.a.O., S. 8f., 13, 64, 71.

17 Emmanuel Levinas, *Totalité et infini,* a.a.O., S. 314.

18 Emmanuel Levinas, *En découvrant l'existence avec Husserl et Heidegger,* a.a.O., S. 201f.

19 Ebd., S. 202.

20 Emmanuel Levinas, *Autrement qu'être ou au-delà de l'essence,* Martinus Nijhoff: Den Haag 1978, S. 188 (biblio essais S. 230)

21 Platon, *Phaidon,* 113d–114c; vgl. *Die Vorsokratiker I,* Hg. von Jaap Mansfeld, Stuttgart: Reclam 1983, S. 178f.

22 Iamblichos, *De vita pythagorica,* 63 (*Die Vorsokratiker I,* a.a.O., S. 172). – Diogenes Laertios berichtet, Pythagoras habe von sich behauptet, Hermes, als dessen Sohn er galt, habe ihm zugesagt, er dürfe alles wählen, ausgenommen die Unsterblichkeit, worauf er darum geben habe, »sowohl im Leben als auch im Tode die Erinnerung dessen behalten zu dürfen, was er erlebt habe«, und dann in der Lage war, zu berichten, in welchen Pflanzen, Tieren und Menschen seine Seele herumgewandert sei: Diogenes Laertios, *Vitae philosophorum,* VIII 4f. (*Die Vorsokratiker I,* a.a.O., S. 172ff.)

23 Freiburg/München: Alber 2020.

24 Ebd., S. 179, 202f., 224, 230, 236.

25 Bernhard Casper, *Das dialogische Denken. Franz Rosenzweig, Ferdinand Ebner und Martin Buber,* Alber: Freiburg 2002, S. 363.

26 André Green, »Zeitlichkeit in der Psychoanalyse: zersplitterte Zeit«, a.a.O.

10. Gegenwart und Sein mit dem Anderen

1 Siehe oben 2.2 (c).

2 Robert Musil, *Der Mann ohne Eigenschaften* [1930/32], Reinbek bei Hamburg: Rowohlt 1952.

3 Max Horkheimer / Theodor W. Adorno, *Dialektik der Aufklärung* [1947], Frankfurt am Main: Fischer 1988.

4 Sigmund Freud, »Erinnern, Wiederholen, Durcharbeiten« [1914], in: Gesammelte Werke, Frankfurt am Main: Fischer [6]1973, Bd. X, S. 126ff.

5 Reinhard Koselleck, »›Erfahrungsraum‹ und ›Erwartungshorizont‹ – zwei historische Kategorien«, in: *Vergangene Zukunft. Zur Semantik geschichtlicher Zeiten,* Frankfurt am Main: Suhrkamp 2000, S. 349–375; »Gibt es eine Beschleunigung der Geschichte?«, in: *Zeitschichten. Studien zur Historik,* Frankfurt am Main: Suhrkamp 2000, S. 150–176; »Fortschritt und Beschleunigung. Zur Utopie der Aufklärung«, in: Klaus Binder (Hg.), *Der Traum der Vernunft. Vom Elend der Aufklärung,* Darmstadt: Luchterhand 1985, S. 75–103; Hartmut Rosa, *Beschleunigung. Die Veränderung der Zeitstrukturen in der Moderne,* Frankfurt am Main: Suhrkamp 2005.

11. Vergangenheit und Andersheit

1 Jayne Svenungsson thematisiert die analoge Kontroverse mit Bezug auf die Projektion der Zukunft: »Whose Memory? Which Future?«, in: Jan-Ivar Lindén (Hg.), *To Understand What Is Happening. Essays in Historicity,* Leiden/Boston: Brill 2021, S. 115–127.

2 Vgl. Aleida Assmann: »Was nicht zuvor erlebt, erfahren wurde, kann später nicht erinnert werden« (in: Aleida Assmann/Ute Frevert, *Geschichtsvergessenheit – Geschichtsversessenheit. Vom Umgang mit deutschen Vergangenheiten,* Stuttgart: Deutsche Verlags-Anstalt 1999, S. 35); Reinhard Koselleck: »Es gibt keine kollektive Erinnerung, wohl aber kollektive Bedingungen möglicher Erinnerungen« (»Gebrochene Erinnerung? Deutsche und polnische Vergangenheiten«, in: Deutsche Akademie für Sprache und Dichtung. Jahrbuch 2000, S. 20).

3 Michael Theunissen, *Reichweite und Grenzen der Erinnerung,* Tübingen: Mohr Siebeck 2001, S. 9.

4 Vgl. Paul Ricœur, *La mémoire, l'histoire, l'oubli,* Paris: Seuil 2000, S. 112f., 161ff.

5 Vgl. Emil Angehrn, *Sein Leben schreiben. Wege der Erinnerung,* Frankfurt am Main: Klostermann 2017, S. 155–186.

6 Die Formel »un passé qui n'a jamais été présent« findet sich wortgleich bei Maurice Merleau-Ponty, Jacques Derrida, Paul Ricœur und Emmanuel Levinas; vgl. Emil Angehrn, »Das Vergangene, das nie gegenwärtig war: Zwischen Leidenserinnerung und Glücksversprechen«, in: E. Angehrn/J. Küchenhoff (Hg.), *Das unerledigte Vergangene,* a.a.O., S. 175–205.

7 Theodor W. Adorno, *Negative Dialektik,* Gesamtausgabe Band 6, Frankfurt am Main: Suhrkamp 1975, S. 29; vgl. Emil Angehrn, »Leiden beredt werden lassen: Zwischen Kritischer Theorie und Psychoanalyse«, in: Christine Kirchhoff/Falko Schmieder (Hg.), *Freud und Adorno. Zur Urgeschichte der Moderne,* Berlin: Kulturverlag Kadmos 2015, S. 145–152.

8 Joachim Küchenhoff, »Das Unabgegoltene: Das eigene oder fremde, das reale oder virtuelle Vergangene«, in: Emil Angehrn/Joachim Küchenhoff (Hg.),

Das unerledigte Vergangene. Konstellationen der Erinnerung, Weilerswist: Velbrück Wissenschaft 2015, S. 102, 84.

9 Joachim Küchenhoff, »Das Unabgegoltene«, a.a.O., S. 85.

10 Rudolf Bernet, »L'autre du temps«, in: Jean-Luc Marion (Hg.), *Emmanuel Levinas. Positivité et transcendance,* suivi de: *Lévinas et la phénoménologie,* Paris: Presses Universitaires de France 2000, S. 143–163, hier S. 157f., 150.

11 Vgl. Vladmir Jankélévitch, *Verzeihen?,* Frankfurt am Main: Suhrkamp 2006.

12 Siehe oben 3.2.

13 Vgl. Michael Theunissen, *Der Andere. Studien zur Sozialontologie der Gegenwart,* Berlin/New York: de Gruyter [3]1977, S. 150f., 295.

14 Emmanuel Levinas, *Autrement qu'être ou au-delà de l'essence,* La Haye: Martinus Nijhoff 1978, S. 282; *Éthique et infini,* Paris: Fayard 1982, S. 96.

12. Zukunft im Horizont des Anderen

1 Martin Heidegger, *Sein und Zeit,* a.a.O., § 29, S. 134f.

2 Pascal Chabot, *Avoir le temps,* a.a.O., S. 152f., 156.

3 Albrecht von Lucke, »›Fridays for Future‹: Der Kampf um die Empörungshoheit. Wie die junge Generation um ihre Stimme gebracht werden soll«, in: Blätter für deutsche und internationale Politik, März 2019.

4 Vgl. https://letztegeneration.de, https://letztegeneration.at.

5 Martin Heidegger, *Sein und Zeit,* a.a.O., § 41, S. 192f.

6 Michel Foucault, *Histoire de la sexualité 3. Le souci de soi,* Paris: Gallimard 1984.

7 Vgl. Lukas Bärfuss, »Rechte der Nachgeborenen«, Veranstaltungsreihe der Rechtswissenschaftlichen Fakultät Zürich, *Lectures for Law in Society,* 18.11.2021.

8 Vgl. die eindringliche Schilderung dieser Perspektive im Buch von Miriam Meckel, *NEXT. Erinnerungen an eine Zukunft ohne uns,* a.a.O., siehe oben 7.2.

9 Jacques Derrida, *Donner le temps,* a.a.O.; siehe oben, 2.2(c).

10 Jacques Derrida, *Donner le temps,* a.a.O., S. 157.

11 Martin Heidegger, *Heraklit,* Gesamtausgabe Band 55, Frankfurt am Main: Vittorio Klostermann [2]1987, S. 128; Jacques Derrida, *Politiques de l'amitié,* Paris: Galilée 1994, 388f.

12 Jorge Semprun, *L'Écriture ou la Vie,* Paris: Gallimard 1994, S. 133 (übers. E. A.); vgl. Paul Ricœur, *Vivant jusqu'à la mort,* Paris: Seuil 2007, S. 62f.

13 Paul Ricœur, *Vivant jusqu'à la mort,* a.a.O., S. 130f., 137.

14 Ebd., S. 77, 131; siehe oben 7.1(c). – Ähnlich antwortet Marina in Tschechows *Onkel Wanja* auf dessen Zweifel, »ob wohl jene, die in hundert oder zweihundert Jahren leben werden, mit einem guten Wort unser gedenken wer-

den«, mit der Versicherung: »Die Menschen nicht, aber Gott schon«: Anton Tschechow, *Onkel Wanja,* Artemis und Winkler: Düsseldorf 2006, S. 306.

15 Ebd., S. 75.

16 Ebd., S. 76.

17 Sigmund Freud, *Zur Einführung des Narzißmus,* in: Gesammelte Werke, Bd. 10, Frankfurt am Main: Fischer [6]1973, S. 137–170 (hier S. 158).

18 Jacques Derrida, *Politiques de l'amitié,* Paris: Galilée 1994, S. 204.

19 Ebd., S. 198.

20 Michael Theunissen, *Der Andere. Studien zur Sozialontologie der Gegenwart,* de Gruyter: Berlin/New York [2]1977, S. 300.

21 Ebd., S. 506.

22 Michael Theunissen, *Pindar. Menschenlos und Wende der Zeit,* Beck: München 2000, S. 590, 740ff., 804, 868.

23 Vgl. Theunissen, a.a.O., S. 546: »Bei Pindar nimmt die Zukunft den Rang ein, den die Metaphysik der Gegenwart zuerkennt.«

BIBLIOGRAPHIE

Abraham, Nicolas / Torok, Maria, *Cryptonymie. Le verbier de l'homme aux loups.* Précédé de FORS, par Jacques Derrida, Paris: Aubier Flammarion 1976

Adorno, Theodor W., *Negative Dialektik,* Gesamtausgabe Band 6, Frankfurt am Main: Suhrkamp 1975

– *Kulturkritik und Gesellschaft I,* Gesamtausgabe Band 10.1, Frankfurt am Main: Suhrkamp 2003

Améry, Jean, *Über das Altern. Revolte und Resignation,* Klett-Cotta: Stuttgart 1968.

Angehrn, Emil / Küchenhoff, Joachim (Hg.), *Das unerledigte Vergangene. Konstellationen der Erinnerung,* Weilerswist: Velbrück Wissenschaft 2015

– (Hg.), *Erwartung. Zukunft zwischen Furcht und Hoffnung,* Weilerswist: Velbrück Wissenschaft 2019

Angehrn, Emil, »Das Vergangene, das nie gegenwärtig war: Zwischen Leidenserinnerung und Glücksversprechen«, in: E. Angehrn / J. Küchenhoff (Hg.), *Das unerledigte Vergangene* (s. d.), S. 175–205.

– »Leiden beredt werden lassen: Zwischen Kritischer Theorie und Psychoanalyse«, in: Christine Kirchhoff / Falko Schmieder (Hg.), *Freud und Adorno. Zur Urgeschichte der Moderne,* Berlin: Kulturverlag Kadmos 2015, S. 145–152

– *Geschichte und Identität,* Berlin: de Gruyter 1985

– *Lebendig begrabene Wörter,* in: Sina Dell'Anno / Jodok Trösch (Hg.), »auf der Rückseite des Gobelins dieser Welt«. Texte für Ralf Simon, Verlag Die Ochsenwende 2021, S. 109 ff.

– *Sein Leben schreiben. Wege der Erinnerung,* Frankfurt am Main: Klostermann 2017

– »Warten und Erwartung. Von der Zeitlichkeit der Existenz«, in: E. Angehrn / J. Küchenhoff (Hg.), *Erwartung* (s. d.), S. 113–132

– *Vom Anfang und Ende. Leben zwischen Geburt und Tod,* Frankfurt am Main: Klostermann 2020

– »Dialogische Hermeneutik. Vom Ursprung des Sinns im Anderen«, in: Emmanuel Levinas, *Dialog. Ein kooperativer Kommentar,* hg. von Burkhard Liebsch, Freiburg/München: Alber 2020, S. 57–73

Aristoteles, *Metaphysik,* griechisch-deutsch, hg. v. H. Seidl, 2 Bde., Hamburg: Meiner [2]1982, [2]1984

– *Physik,* griechisch-deutsch, hg. v. H. G. Zekl, 2 Bde., Hamburg: Meiner 1987

Assmann, Aleida/Frevert, Ute, *Geschichtsvergessenheit – Geschichtsversessenheit. Vom Umgang mit deutschen Vergangenheiten*, Stuttgart: Deutsche Verlags-Anstalt 1999

Augustinus, *Confessiones/Bekenntnisse,* lat. und deutsch, München: Kösel 1955

Bärfuss, Lukas, »Rechte der Nachgeborenen«, Veranstaltungsreihe der Rechtswissenschaftlichen Fakultät Zürich, *Lectures for Law in Society,* 18.11.2021

Barnes, Julian, *Lebensstufen,* München: btb 2016

Baumgartner, Hans M., *Kontinuität und Geschichte. Zur Kritik und Metakritik der historischen Vernunft,* Frankfurt am Main: Suhrkamp 1972

Benjamin, Walter, *Über den Begriff der Geschichte,* Gesammelte Schriften, Frankfurt am Main: Suhrkamp 1972, Band I.2, S. 691–704

Bernet, Rudolf, »L'autre du temps«, in: Jean-Luc Marion (Hg.), *Emmanuel Levinas. Positivité et transcendance,* suivi de: *Lévinas et la phénoménologie*, Paris: Presses Universitaires de France 2000, S. 143–163

Birnbaum, Daniel, *The Hospitality of Presence. Problems of Otherness in Husserl's Phenomenology,* Stockholm Studies in Philosophy 20, Stockholm: Almquist & Wicksell International 1998

Casper, Bernhard, *Das dialogische Denken. Franz Rosenzweig, Ferdinand Ebner und Martin Buber,* Alber: Freiburg 2002

Chabot, Pascal, *Avoir le temps. Essai de chronosophie,* Paris: Presses Universitaires de France 2021

Derrida, Jacques, »Penser ce qui vient«, in: *Pour les temps à venir,* hg. von René Major, Paris: Éditions Stock 2007

– *Apprendre à vivre enfin. Entretien avec Jean Birnbaum,* Paris: Galilée 2005

– *Donner le temps. 1. La fausse monnaie,* Paris: Galilée 1991

– *Marx & Sons,* Paris: Galilée/Presses Universitaires de France 2002

– *Marx' Gespenster. Der Staat der Schuld, die Trauerarbeit und die neue Internationale,* Frankfurt am Main: Fischer 1996
– *Politiques de l'amitié,* Paris: Galilée 1994
Descartes, René, *Meditationes de prima philosophia* (1641), lateinisch-deutsch, Hamburg: Meiner 1959
Diels, H./Kranz, W. (Hg.), *Die Fragmente der Vorsokratiker,* griechisch-deutsch, 3 Bde, Berlin [6]1951–1952
Ellis McTaggart, John McTaggart, *The Unreality of Time,* in: Mind. A Quarterly Review of Psychology and Philosophy 17/1908, S. 457–474
Fallaci, Oriana, *Lettera a un bambino mai nato,* Milano: Rizzoli 1975
Fonti, Diego, *Levinas und Rosenzweig. Das Denken, der Andere und die Zeit,* Würzburg: Königshausen & Neumann 2009
Foucault, Michel, *Histoire de la sexualité 3. Le souci de soi,* Paris: Gallimard 1984
Franck, Julia, *Welten auseinander,* Frankfurt am Main: Fischer 2021
Freud, Sigmund, »Erinnern, Wiederholen, Durcharbeiten«, in: Gesammelte Werke, Frankfurt am Main: Fischer [6]1973, Bd. X, S. 126–136
Freud, Sigmund, *Zur Einführung des Narzißmus,* in: Gesammelte Werke, Bd. X, Frankfurt am Main: Fischer [6]1973, S. 137–170
Giménez, Carmen/Helfenstein, Josef, *Picasso – El Greco (Klassische Moderne),* Berlin: Hatje Cantz 2022
Green, André, »Zeitlichkeit in der Psychoanalyse: zersplitterte Zeit«, in: *Psyche. Zeitschrift für Psychoanalyse,* 2003, Jg. 57 (H. 9–10), S. 789–811
Habermas, Jürgen, *Der Philosophische Diskurs der Moderne,* Frankfurt am Main: Suhrkamp 1985
Heidegger, Martin, »Der Spruch des Anaximander«, in: *Holzwege,* Frankfurt am Main: Klostermann 1950, S. 296–343
– *Heraklit,* Gesamtausgabe Band 55, Frankfurt am Main: Klostermann [2]1987
– *Sein und Zeit,* Tübingen: Niemeyer [10]1963
Held, Klaus, *Lebendige Gegenwart. Die Frage nach der Seinsweise des transzendentalen Ich bei Edmund Husserl, entwickelt am Leitfaden der Zeitproblematik,* Den Haag: Martinus Nijhoff 1966
Herodot, *Historien,* griechisch-deutsch, hg. von J. Feix, 2 Bde., München: Heimeran 1980
Horkheimer, Max/Adorno, Theodor W., *Dialektik der Aufklärung* [1947], Frankfurt am Main: Fischer 1988

Husserl, Edmund, *Zur Phänomenologie des inneren Zeitbewusstseins (1893–1917),* Husserliana Band X, Den Haag: Martinus Nijhoff 1966
– *Ideen zu einer reinen Phänomenologie und Phänomenologischen Philosophie. Erstes Buch*, Husserliana Band III, Den Haag: Martinus Nijhoff 1950
Iamblichos, *De vita pythagorica,* in: Jaap Mansfeld (Hg.), *Die Vorsokratiker I*, s. d., S. 172
Jankélévitch, Vladmir, *Verzeihen?,* Frankfurt am Main: Suhrkamp 2006
Kertész, Imre, *Kaddisch für ein nicht geborenes Kind,* Reinbek: Rowohlt 1992
Koselleck, Reinhard, »Gebrochene Erinnerung? Deutsche und polnische Vergangenheiten«, in: Deutsche Akademie für Sprache und Dichtung. Jahrbuch 2000
– »›Erfahrungsraum‹ und ›Erwartungshorizont‹ – zwei historische Kategorien«, in: *Vergangene Zukunft. Zur Semantik geschichtlicher Zeiten,* Frankfurt am Main: Suhrkamp 2000, S. 349–375
– »Fortschritt und Beschleunigung. Zur Utopie der Aufklärung«, in: Klaus Binder (Hg.), *Der Traum der Vernunft. Vom Elend der Aufklärung,* Darmstadt: Luchterhand 1985, S. 75–103
– »Gibt es eine Beschleunigung der Geschichte?«, in: *Zeitschichten. Studien zur Historik,* Frankfurt am Main: Suhrkamp 2000, S. 150–176
Küchenhoff, Joachim, »Das Unabgegoltene: Das eigene oder fremde, das reale oder virtuelle Vergangene«, in: E. Angehrn / J. Küchenhoff (Hg.), *Das unerledigte Vergangene* (s. d.), S. 83–104
Lanzmann, Claude, *La Tombe du divin plongeur,* Paris: Gallimard 2012
Levinas, Emmanuel, »L'Autre, Utopie et Justice«, in: *Entre nous. Essais sur le penser-à-l'autre,* Grasset: Paris 1991, S. 235–246
– »›Entre deux mondes‹ (La voie de Franz Rosenzweig)«, in: *Difficile liberté. Essais sur le judaisme,* Paris: Albin Michel [3]1976, S. 253–281
– »De l'un à l'autre. Transcendance et temps«, in: *Entre nous. Essais sur le penser-à-l'autre,* Grasset: Paris 1991, S. 141–164
– *Autrement qu'être ou au-delà de l'essence,* Martinus Nijhoff: Den Haag 1978
– *En découvrant l'existence avec Husserl et Heidegger,* Paris: Vrin 1988.
– *Éthique et infini*, Paris: Fayard 1982

– *Totalité et infini. Essai sur l'extériorité*, La Haye 1968
– »La signification et le sens«, in: *Humanisme de l'autre homme*, Saint-Clément-de-Rivière 1972, 15–70
Lübbe, Hermann, *Schrumpft die Gegenwart?* Luzern: Verlag Hans Erni-Stiftung 2000
Mann, Thomas, *Buddenbrooks. Verfall einer Familie*, Berlin: Fischer Verlag 1979
Mansfeld, Jaap (Hg.), *Die Vorsokratiker I*, Stuttgart: Reclam 1983
Meckel, Miriam, *NEXT. Erinnerungen an eine Zukunft ohne uns*, Reinbek: Rowohlt 2011
Micali, Stefano, »Subjektive und objektive Zeit. Genealogische und methodologische Bemerkungen zur Frage nach der Realität oder Idealität der Zeit«, in: Gerald Hartung (Hg.), *Mensch und Zeit*, Wiesbaden: Springer 2015, S. 185–203
Musil, Robert, *Der Mann ohne Eigenschaften* [1930/32], Reinbek bei Hamburg: Rowohlt 1952
Pascal, Blaise, *Pensées* (1670), in: *Œuvres complètes*, Bibliothèque de la Pléiade, Paris: Gallimard 1954
Picht, Georg, *Zukunft und Utopie. Vorlesungen und Schriften*, Stuttgart: Klett Cotta 1992
Platon, Werke in acht Bänden, griechisch-deutsch, hg. v. G. Eigler, Darmstadt: Wissenschaftliche Buchgesellschaft 1970 ff.
Proust, Marcel, *À la recherche du temps perdu*, Tome I: *Du côté de chez Swann; À l'ombre des jeunes filles en fleur*, Bibliothèque de la Pléiade, Paris: Gallimard 1954
Ricœur, Paul, *La mémoire, l'histoire, l'oubli*, Paris: Seuil 2000
– *Parcours de la reconnaissance. Trois études*, Paris: Éditions Stock 2004
– *Temps et récit*, Tome I: *L'Intrigue et le récit historique*, II: *La Configuration dans le récit de fiction*, III: *Le Temps raconté*, Paris: Le Seuil, 1983, 1984, 1985
– *Vivant jusqu'à la mort. Suivi de Fragments*, Paris: Seuil 2007
Ritter, Joachim / Gründer, Karlfried / Gabriel, Gottfried (Hg.), *Historisches Wörterbuch der Philosophie*, Basel: Schwabe 1991–2007
Rosa, Hartmut, *Beschleunigung. Die Veränderung der Zeitstrukturen in der Moderne*, Frankfurt am Main: Suhrkamp 2005
Rosenzweig, Franz, »Das neue Denken«, in: *Kleinere Schriften*, Berlin: Schocken Verlag / Jüdischer Buchverlag 1937, S. 373–398

Schmid, Hans Bernhard, *Wir-Intentionalität. Kritik des ontologischen Individualismus und Rekonstruktion der Gemeinschaft,* Freiburg i. Br.: Alber 2005

Semprun, Jorge, *L'Écriture ou la Vie,* Paris: Gallimard 1994

Sloterdijk, Peter, *Wer noch kein Grau gedacht hat. Eine Farbenlehre,* Berlin: Suhrkamp 2022

Svenungsson, Jayne, »Whose Memory? Which Future?«, in: Jan-Ivar Lindén (Hg.), *To Understand What Is Happening. Essays in Historicity,* Leiden / Boston: Brill 2021, S. 115–127

Theunissen, Michael, *Der Andere. Studien zur Sozialontologie der Gegenwart,* Berlin / New York: de Gruyter [3]1977

– *Negative Theologie der Zeit,* Frankfurt am Main: Suhrkamp 1993

– *Pindar. Menschenlos und Wende der Zeit,* Beck: München 2000

– *Reichweite und Grenzen der Erinnerung,* Tübingen: Mohr Siebeck 2001

Tschechow, Anton, *Onkel Wanja,* Artemis und Winkler: Düsseldorf 2006

Valéry, Paul, »Moments V«, in: Mélange, *Œuvres I,* Bibliothèque de la Pléiade, Paris: Gallimard 1957

von Lucke, Albrecht, »›Fridays for Future‹: Der Kampf um die Empörungshoheit. Wie die junge Generation um ihre Stimme gebracht werden soll«, in: Blätter für deutsche und internationale Politik, März 2019

Waldenfels, Bernard, *Erfahrung, die zur Sprache drängt,* Suhrkamp: Berlin 2019

Walter, Armin, *Der Andere, das Begehren und die Zeit. Ein Denken des Bezuges im Grenzgang zwischen Emmanuel Levinas und der Dichtung,* Cuxhaven & Dartford: Traude Junghans Verlag 1996

Wetzel, Jakob, *Fridays for Future,* München: Süddeutsche Zeitung Edition 2019

NAMENREGISTER

Abraham, Nicolas 128
Adorno, Theodor W. 37, 39, 99, 105, 127, 131f.
Améry, Jean 9, 65, 109, 125
Anaximander 126
Aristoteles 18f., 21, 24f., 125
Ashton, Dore 130
Assmann, Aleida 132
Augustinus 17, 20, 24f., 42f., 69, 102, 125, 127

Bärfuss, Lukas 114, 133
Barnes, Julian 82f., 130
Baumgartner, Hans Michael 30, 127
Benjamin, Walter 37, 51, 59, 63, 87, 127f., 131
Bernet, Rudolf 80, 105f., 130, 133
Birnbaum, Daniel 130

Casper, Bernard 92, 131
Chabot, Pascal 28, 111, 125f., 133

Derrida, Jacques 10, 28, 54, 59, 61, 63, 76, 96, 116, 120, 125f., 128f., 132ff.
Descartes, René 73, 129

Ellis McTaggart, John McTaggart 25, 126

Fallaci, Oriana 67, 129
Fonti, Diego 125f., 129
Foucault, Michel 113, 133
Franck, Julia 74, 130
Frevert, Ute 132
Freud, Sigmund 39, 120, 127, 132, 132

Giménez, Carmen 131
Green, André 93, 127, 130f.

Habermas, Jürgen 67, 129
Hartung, Gerald 126
Hegel, G.W.F. 74
Heidegger, Martin 14, 26, 43, 58, 61f., 68, 81, 92, 110, 113, 116, 126ff., 130, 133
Held, Klaus 128
Helfenstein, Josef 131
Heraklit 116
Herodot 56, 128
Horkheimer, Max 39, 99, 131
Husserl, Edmund 25f., 57, 62, 75, 79, 126
Huxley, Aldous 68

Iamblichos 131

Jankélévitch, Vladimir 133

Kant, Immanuel 24, 26, 77
Kertész, Imre 66, 129
Kierkegaard, Søren 62f.
Kirchhoff, Christine 132

Koselleck, Reinhard 132
Küchenhoff, Joachim 105, 125, 133

Lanzmann, Claude 128
Levinas, Emmanuel 26, 62, 75ff., 86–89, 92, 105, 108, 110, 121, 125, 129–133
Laertios, Diogenes 131
Liebsch, Burkard 130
Lindén, Jan-Ivar 132
Lucke, Albrecht von 133
Lübbe, Hermann 126

Mann, Thomas 46, 128
Marion, Jean-Luc 130, 133
Marx, Karl 59, 98
Meckel, Miriam 68f., 125, 129, 133
Merleau-Ponty, Maurice 132
Micali, Stefano 126
Musil, Robert 98, 131

Nietzsche, Friedrich 39, 46, 128

Parmelin, Hélène 131
Parmenides 17f., 26, 31, 125
Pascal, Blaise 81, 85, 130
Picasso, Pablo 84
Picht, Georg 30, 61, 126, 129
Pindar 121, 134
Platon 18f., 25, 64, 90, 125, 131
Plotin 18
Proust, Marcel 47, 52, 128
Pythagoras 90, 131

Ricœur, Paul 20f., 26, 32, 43, 52, 61, 119, 126–129, 132f.
Rosa, Hartmut 126, 132
Rosenzweig, Franz 26, 62, 77f., 87f., 92, 121, 130f.

Sartre, Jean Paul 9, 109
Schmieder, Falko 132
Schmid, Hans Bernhard 129
Schwenke, Heiner 90f.
Semprun, Jorge 117f., 133
Sloterdijk, Peter 39, 127
Svenungsson, Jayne 132

Thales 56
Theunissen, Michael 31, 35ff., 62ff., 88, 102, 106f., 120f., 125, 127, 129f., 132ff.
Thomas von Aquin 18
Torok, Maria 128
Tschechow, Anton Pawlowitsch 133f.

Valéry, Paul 46, 128

Waldenfels, Bernhard 127
Walter, Armin 130
Wetzel, Jakob 125